歴史文化ライブラリー
302

「国民歌」を唱和した時代

昭和の大衆歌謡

戸ノ下達也

吉川弘文館

目　次

唱和すべき「国民歌」とは

日中戦争期の「国民歌」 見よ、東海の空明けて

「戦争の時代」のうた――プロローグ

1　「戦争の時代」のうた

毎年ゴールデンウィークに、二十一世紀の合唱を考える会 合唱人集団「音楽樹」の主催で合唱作品によるコンサートやセミナーなど多彩なプログラムで開催されている「トウキョウ・カンタート」というイベントがある。筆者は縁あって「いのちうたう へいわねがう」というタイトルで開催されたトウキョウ・カンタート2004オープニングコンサートに、監修と台本・構成という立場で関わらせてもらった。コンサートのタイトルは「《菩提樹》がうたいたい　～あの頃唱和したのは「国民歌」～」。延べ五〇曲余りの楽曲をシアターピース仕立てで演奏した。紀元二千六百年奉祝に沸き返る一九四〇年（昭和十五）頃から敗戦に至る時期の社会を「国民歌」と位置付けられる楽曲を中心に、合間に

「戦争の時代」を感じさせない大衆歌謡や兵隊ソングなどを織り込みながら考察したい、というのがその目的であった。この再演で「音」は実際に演奏してその楽曲の歌われた時代背景や主張を考えるべき、という思いを強くし、筆者も会員である洋楽文化史研究会の主催で二〇〇八年（平成二十）二月に、戦時期の音楽界の一元統制団体たる社団法人日本音楽文化協会が関係した室内楽作品や声楽作品による「再現演奏会一九四一〜一九四五」を開催し、声楽作品では「国民歌」ばかりで当時の「音」を再現してみた。これらの演奏会で再演された「国民歌」とは一体どのような「歌」なのであろうか。耳慣れない呼称であるが……。

これらの演奏会で取り上げた楽曲が歌われた時代は、まさに「戦争の時代」であった。本書が扱う課題は、この「戦争の時代」、すなわち一九三一年九月の柳条湖《りゅうじょうこ》事件を発端とする満洲事変から、一九三七年七月の盧溝橋《ろこうきょう》事件を契機とする日中戦争を経て、一九四一年十二月の真珠湾攻撃によるアジア・太平洋戦争に至る、十五年戦争期の社会を「国民歌」と位置付けられる歌謡により考えていくことにある。

この時期の歌謡を称する際に多く使われるのが「軍歌」「戦時歌謡」「軍国歌謡」といった呼び方であろう。しかしそれぞれの呼び方は、厳密に定義されているわけでもなく、あくまで便宜上あるいは通称として使われているケースが大半ではなかろうか。十五年戦争期の歌謡全般を曖昧な意味のまま「軍歌」「戦時歌謡」「軍国歌謡」とひと括りにしてしまうことは、とりも直さず戦時期という特殊な社会と音楽を巡る複雑な関係や状況、いとなみを顧みることなく、単純に一律に封印してしまうことになりかねない。「戦争の時代」「戦時体制」「軍国主義の時代」にうたわれた歌、あるいはそうした時代や体制を賛美する歌、師団・連隊など軍隊の歌等々、さまざまな解釈がなされ得るこうした歌謡の呼び方は、ますますこの時代の本質を曖昧にしていくような気がしてならない。二拍子の「ピョンコ節」で云々と音楽学的分析で「軍歌」を定義したところで、その議論が一般化するとはとても思えない。

ならばそれに代わる視点は？　と考えた時に「国家目的に即応し国民教化動員や国策宣伝のために制定された国もしくは国に準じた機関による『上から』の公的流行歌」を「国民歌」と仮定して考えてみたらどうだろうか。音楽による教化動員や国策宣伝の実態を、大衆の視線で捉えるには……。その題材として思い浮かんだのが、「軍歌」「戦時歌謡」「軍国歌謡」と総称されていた楽曲群であった。果たしてこれらの楽曲群は一様なのか、そうではなくそれぞれの楽曲に異なった創作の背景があり、普及の意味があったのではなかろうか。であれば「国民歌」という概念でこれらの楽曲群を考えてみれば、社会と音楽の関わりや、大衆と音楽の関わりが見えやすくなるのではなかろうか。このような仮説に基づき、大衆歌謡の多くが「国民歌」という位置付けで発表され唱和された時代を考えていくことにしたい。「国民歌」を鳥瞰《ちょうかん》することによってこれまで見えなかった戦時下の社会の一部を垣間見ることができたら、本望である。

近代日本の歩みと「音楽」

勝ってくるぞと勇ましく

西洋音楽の日常化・大衆化

西洋音楽の受容

現在私達が日常自然に聴いたり演奏している「音楽」。それは多くの場合、邦楽と括られる日本音楽ではなく、西洋の楽理を基礎とする西洋音楽の系譜に属するジャンルであるのではないか。その西洋音楽が日本に本格的に導入されたのは、明治期になってからのことである。

西洋音楽は、軍隊の統制としてあるいは国民統合としての「規律化」の側面を担いつつ、一八七九年（明治十二）設立の音楽教育機関である音楽取調掛、学校教育における唱歌、陸軍や海軍に設置された軍楽隊による吹奏楽、ミッションによるキリスト教布教とそこでの賛美歌などいくつかの水脈により導入された。これらの水脈が、明治政府による欧化政策や近代化政策、徳育としての国民教育、さらに日清・日露戦争に見られる帝国主義化の流れといった社会状況を反映し、また影響を受けながら徐々に裾野を広げ普及していった。

これらの音楽が人々に広く受け入れられるようになったのは、一九二〇年代のことである。その背景には、産業構造の変化や都市化の進展といった社会的要因、蓄音器・レコードやラジオ放送、映画や演劇など、メディアの発達と娯楽の多様化・大衆化という要因が見出せよう。

このように、本格的な導入から半世紀余りで、クラシック、大衆歌謡、ジャズやタンゴ、ハワイアンなどのポピュラー音楽、唱歌や童謡等々、多様なジャンルで普及拡大していく音楽であったが、その全てが慰安や娯楽としての役割を担っていたわけではない。国家政策や社会状況と密接に関わり、連動していく局面が多々見られた。音楽が成立＝創作され受容されるためには、その時々の社会との関係を抜きにして考えられない。本章では、近代日本の歩みの中に音楽文化を位置付け、「規律化」を目的に導入された西洋音楽が、どのように日常化、大衆化し、「慰安」「娯楽」「教養」としての側面を付加していったのかを概観してみたい。

まず明治期に本格的に導入された洋楽が、大衆レベルに浸透していく一九二〇年代に至るまでの過程を跡付けてみよう。

学校での唱歌教育

そこには、まず国家政策と密接に結びついた「歌」があった。それは初等教育での唱歌であり、日清・日露戦争での軍歌集であった。学校教育での唱歌の活用は、一八七二年の学制公布当初は「当分之ヲ欠ク」とされていたが、音楽取調掛（一八八七年には東京音楽学校、一九四七年に東京藝術大学音楽学部となる）の設立によりその重要性がことあるごとに唱えられ、一八九〇年代になるといくつかの「唱歌集」が発行されることとなり、臣民育成や情操教育といった背景から教育科目として次第に重視されていく。

もっとも唱歌教育は、一九二〇年代になると音楽教育者の組織であった日本教育音楽協会によって徳育か知育かの議論が展開され、その役割や方向性が常に議論の対象であったようであるが、大日本帝国憲法下で国家の意思が反映された学校教育において、唱歌に期待された役割やその影響は、多方面にわたり捉えておく必要があることは間違いないだろう（上田誠二『教育と音楽の大衆社会史―一九二〇―五〇年代日本の社会デザイン―』新曜社、二〇一〇年）。

「軍歌」の隆盛

西洋音楽の導入という観点では、唱歌教育開始以前の明治維新まで遡る。すなわち明治維新を機に導入された西洋軍隊の方式を真似た太鼓や喇叭《らっぱ》による信号や号令がその嚆矢《こうし》である。このような軍隊での音楽の動向は、さらに歌にも広がっていく。戊辰戦争の際にうたわれた《トンヤレ節》は、いわゆる「軍歌」の嚆矢とされている。その後一八八五年頃には陸軍のお雇外国人であったルルーが《抜刀隊》を作曲しているが、この類《たぐい》の楽曲が本格的に創作され普及していくのは、明治政府により軍隊組織が確立されていく一八九〇年代以降のことであった。

日清・日露戦争に見られる積極的な帝国主義化は、《元寇》《勇敢なる水兵》《婦人従軍歌》といった数々の軍歌集から生れた楽曲の普及を促すこととなる。また《敵は幾万》や《日本陸軍》といった明治期の「軍歌」と称される楽曲は、軍隊のみならず国民の戦意昂揚や意識喚起といった役割を担った音楽であり、その後、十五年戦争期という「戦争の時代」に至るまで脈々と生き続けることになるものであった。いわゆる「軍歌」と括られる音楽は、軍隊組織の規律のみならず結局は天皇制のもとでの臣民の規律化を促し、求める音楽として機能していったと考えることができよう。

多様化していく音楽

その一方で、民間レベルでの音楽の普及拡大も進んでいた。

まず第一に、民衆のうめきとも捉えられる「歌」の展開があげられる。街頭演歌や書生節といった社会批判の発露ともいえる「歌」は、大衆の声がそのまま音楽となったものといえよう。たとえば一八八〇年代末に流行した川上《かわかみ》音《おと》二郎《じろう》による《オッペケペ節》は、当時の社会状況を痛烈に批判した「音」であった。

第二に、軍隊の規律維持と意識昂揚の役割を担った軍楽隊＝吹奏楽の多様化があげられる。軍楽隊の流れは、軍楽のみならず民衆の娯楽や慰安を目的とした、儀式や演劇等に活躍した市中音楽隊、そこから生れたジンタやチンドン、企業の広告宣伝部隊としての少年音楽隊、さらにこれら少年音楽隊の出身者が、その後ジャズや管弦楽団で活躍していくといったようにさまざまな演奏形態に派生し分化していくこととなる（『ブラスバンドの社会史』青弓社、二〇〇一年）。

第三に都市モダニズム文化の影響があげられる。その典型が、一九一一年の帝国劇場の開業とそこで繰り広げられた演劇や音楽であり、一九一六年から関東大震災を経て昭和初期まで続いた浅草オペラであり、一九一四年（大正三）に第一回の公演を行った宝塚や一九二八年（昭和三）に発足した松竹などの少女歌劇であった。また一九一八年に創刊された雑誌『赤い鳥』に始まる童謡運動などもこの脈絡で捉えることができよう。

帝劇では、次節で見るような新劇公演での劇中歌であるとか、専属楽団と歌手によるオペラ公演などで音楽が演奏されていた。

オペラと少女歌劇

また浅草オペラは、庶民的歓楽街であった浅草の劇場を拠点に離合集散を繰り返しながらいくつか結成された少人数の器楽伴奏による歌劇であり、東京のみならず名古屋や関西においても多くの公演を行っていた。この浅草オペラの流行には、第一次世界大戦後の社会状況下で庶民が手軽に音楽を楽しみ、スターへの憧れを追求する娯楽性が見出せよう。

都市化の進展は、また郊外の住宅地化と鉄道の発達、ターミナルデパートやレジャー施設といった新しい生活文化を誕生させる。企業人としてこうした生活文化を実践し事業化していた小林《こばやし》一三《いちぞう》が創設した宝塚少女歌劇団は、一民間企業により今日まで脈々と活動を継続している特異な存在である。そこには、専用の劇場で独自の教育システムにより教育した生徒達や専属スタッフによるレビューの公演という特徴があり、また一九一八年にはオーケストラを専任メンバーとし宝塚交響楽協会としてクラシック音楽中心の管弦楽演奏会も開催するなど、関西における洋楽普及を牽引した役割も重視すべきであろう。

また歌舞伎など古典芸能への取り組みを強化していた松竹も、このような都市化・大衆化を敏感に捉えていた。一九二四年には大阪松竹楽劇部（その後日本歌劇団へ）、一九二八年には松竹楽劇部（一九三三年に松竹歌劇団へ）が結成され、宝塚少女歌劇団と同じようなスタイルで女性だけの歌劇公演を行うこととなったことなども宝塚少女歌劇と同じ脈絡で認識すべき動きであろう。

新たな音楽の潮流

音楽受容層の拡大という観点では、文学と連動した動きである童謡の普及も見のがせない。一九一八年創刊の『赤い鳥』や『金の星』といった雑誌での北原白秋《きたはらはくしゅう》や野口雨情《のぐちうじょう》、西條八十《さいじょうやそ》らによる詩に、山田耕筰《やまだこうさく》や本居長世《もとおりながよ》、中山晋平《なかやましんぺい》らが作曲した楽曲により展開した童謡は、さらにレコードの普及とも連動し、限られた受容層に向けられたものではあったが、新たな音楽運動として支持されていった。

一九二三年九月の関東大震災は、西洋音楽にも影響を及ぼしていた。それは東京を中心とする地域の物理的・物質的潰滅もさることながら、その後の復興過程における新たな動きや分化となって見られた。ラジオ放送や映画といった新しいメディアや娯楽の発達、浅草オペラの衰退、エノケンに代表されるレビューの普及等々。またダンスホールの流行やジャズやタンゴ、ハワイアンといったいわゆるポピュラー音楽の流行であるとか、後述する「流行歌」の普及など「歌」にまつわる洋楽の裾野の拡大が見られた。また一九二〇年代には外国人音楽家が来日するようになり、さらに山田耕筰や近衛秀麿《このえひでまろ》による管弦楽運動が本格化した。そしてその結果、一九二六年に初のプロの交響楽団である新交響楽団（現在のＮＨＫ交響楽団）が設立されるなど、クラシック音楽の普及も見られた。

西洋音楽の普及拡大は、これまでに見たように、帝国主義化の進展や産業構造の変化に連動した大衆社会化や都市化といった社会状況に連動していた。すなわち、洋楽導入以来の目的である規律化や国家政策との連動が唱歌教育や軍歌の領域でなされる一方で、新たに娯楽や教養、さらに感情の発露としての役割が浸透することにより多様化・細分化していったのである。

大衆歌謡の誕生

一八七〇年代から一九二〇年代に至る半世紀は、音楽が多様化・大衆化した時代でもあった。それは同時に「大衆のための歌」に対する認識も大きく変化する。それが顕著にあらわれたのが「歌」の呼び方であろう。

「はやり歌」から「流行歌」へ

大衆が「歌」と親しむようになったのは、江戸時代末期の一八五〇年代に流行した端唄《はうた》あたりがルーツといわれている。その後の黒船来航や明治維新を経て、「どどいつ」や演説を歌にした「演歌」、《オッペケペ節》といった「壮士節《そうしぶし》」などが流行する。日清戦争後の一九〇〇年代になると初めて伴奏楽器を伴う「歌」として「法界節《ほうかいぶし》」のほか、「らっぱ節」「書生節《しょせいぶし》」などが流行した。そして一九一〇年代には《カチューシャの唄》などの劇中歌が登場し、蓄音器・レコード普及を契機に《船頭小唄》《東京行進曲》という流行歌＝大衆歌謡の嚆矢《こうし》となる楽曲が流行する（倉田喜弘『「はやり歌」の考古学』文藝春秋、二〇〇一年）。

これら一連の「歌」の系譜は、「はやり唄」と括られていた。実際に、レコードとして発売された時にもそのレーベル標記は「書生節」「唱歌」「小唄」「民謡」「端唄」「流行唄」「流行小唄」「新小唄」等々、さまざまな呼び方がなされていて一様ではない。ラジオ放送でも同様で「流行唄」「独唱」「ジャズ」「新俚謡《りよう》」「民謡」「俗曲」「映画小唄」「新小唄」などと呼ばれて放送されていた。

これは「『流行歌謡』という概念がまだ確立されていなかったことと、家庭のラジオとしての健全性を強調していた番組編制上、ともすれば卑俗とみられがちだった『流行歌』『流行小唄』という種目名をなるべく番組面から少なくしようとしたため」であった（『日本放送史　上』一九六五年）。

ちなみに「歌謡曲」という呼び方は、当初は今日使われているニュアンスとは異なっていた。一九二〇年代以降、盛んに演奏されるようになった宮城道雄《みやぎみちお》や町田嘉章《まちだかしょう》らによって推進されていた邦楽の新作歌謡たる「新日本音楽」の琴唄や三弦歌謡を一九二七年にラジオ放送する際に、町田が「歌謡曲」と名付けて放送していたのである。

「流行歌」に限らず、音楽の大衆化には前述した社会的要因とともに、レコードやラジオ放送といったメディアの普及であるとか、映画や演劇など他の芸術芸能領域との協業といった要因が考えられる。

蓄音器・レコードの普及

蓄音器やレコードは、一八九〇年代あたりから徐々に普及しはじめていたが、一九〇〇年代に入って国産の蓄音器が開発され、一九一〇年代にレコードの生産や販売体制が軌道に乗ると、価格面でも庶民に手の届く娯楽として次第に定着していった。

そして一九二〇年代になると、蓄音器やレコード企業の再編が活発化し、一九二六年（昭和元）には日本ビクター株式会社、翌年には日本コロムビア株式会社、一九二九年には日本ポリドール蓄音器商会株式会社など外国の有力資本との提携によるレコード会社が相次いで発足、さらに一九三〇年の大日本雄弁会講談社によるキングレコード、一九三四年の帝国蓄音器株式会社など、国内資本の規模の大きなレコード会社も設立され、従来の中小レコード会社とあわせ群雄割拠することとなった。

当初、レコードの主力は、義太夫《ぎだゆう》や長唄《ながうた》、浪花節《なにわぶし》、琵琶《びわ》など旧来からの邦楽や芸能が中心であったが、一九二〇年代になると、欧米からの原盤輸入によるクラシックの発売であるとか、一九二三年の《船頭小唄》や《籠の鳥》を皮切りとする流行歌の発売など、音楽レコードが主力となっていく。以降、一九二八年には《君恋し》、一九二九年《東京行進曲》といった楽曲のヒット、さらに一九二〇～三〇年代にかけて創作された今日でいう「ご当地ソング」とでもいうべき新民謡や、宝塚少女歌劇などの楽曲等、レコードによる流行歌の普及拡大が本格化していくことになる。再生機能を持った蓄音器さえあればどこでも何回でも再生可能であったレコードの普及は、西洋音楽の普及・拡大＝大衆化・日常化に不可欠であった。

ラジオ放送での洋楽

ラジオ放送は、一九二四年（大正十三）十一月に社団法人東京放送局、一九二五年一月に社団法人名古屋放送局、同年二月に社団法人大阪放送局が設立され、一九二五年七月から十二月にかけて順次放送が開始された。三つの別法人で始まったラジオ放送は、当初から邦楽のみならずクラシック音楽を中心とする洋楽を盛んに放送していた。その後、逓信省《ていしん》による放送事業の統一経営と全国的放送網確立を目的として、一九二六年八月に三局を解散統合する形で社団法人日本放送協会が発足する。そして一九二八年十一月に、昭和天皇大礼放送が初の全国放送として日本全国に中継され、国家事業としての全国放送網が確立された（竹山昭子『ラジオの時代』世界思想社、二〇〇二年）。

ラジオ放送では、浪花節とか落語といった芸能や音楽は、娯楽・慰安放送として位置付けられていたが、クラシック音楽はむしろ教養放送としての役割が期待されていた。当時ラジオ放送でも圧倒的な人気であったのは浪花節で、邦楽も全般的な支持は高く放送も盛んであった。一方洋楽では、大衆の洋楽理解向上を主眼に管弦楽をはじめとするさまざまな演奏形態でのクラシック音楽が放送されていた。もっとも音楽の大衆化が進んでいたとはいえ、多くの聴取者は、まだ洋楽に対する違和感や嫌悪感を抱いていた。以下時代は少し下るが一九三三年の「第一回全国ラヂオ調査」から当時の様子を垣間見ていこう。

慰安種目中、和楽に対する放送量、嗜好傾向及び希望の実状を見るに琵琶、義太夫、和洋合奏、箏曲、三曲、尺八等の如きは一〇〇当《あたり》の嗜好率が三〇乃至《ないし》四〇を上下し希望も極めて積極性を帯びている……洋楽については本調査に依り得た資料は少ないが其主要点は、其嗜好率が和楽に比して遥かに低率であり特に希望にあらわれたる実状が他の如何なる種目に比較するも（但しヴァイオリン、ハーモニカ、マンドリン、室内楽等を除く）消極的意見が最も優勢なること、二六歳以上は年齢に反比例の嗜好傾向をもっている。

しかしメディアによる音楽、特に「歌」の普及への貢献は無視できない。この一九三三年の全国調査で、慰安種目の支持率は、落語・漫談、浪花節、ラジオドラマ、映画劇・映画物語の順で洋楽は一三番目に歌劇があげられていたが、一九三七年の全国調査では、浪花節、ラジオドラマ、講談に続き、歌謡曲という順序であった。このデータからは、瞬時に全国規模で音が再生もしくは中継されるラジオ放送の即時性、同報性、広域性によって音楽が地域のワクを越えて裾野を拡大していったことが見てとれる。

元祖「流行歌」の登場

大衆の身近になった「歌」が、流行歌と称される大衆歌謡であった。

大衆歌謡を考える上で忘れてはならないのが、前述した一九一一年（明治四十四）の帝国劇場の開業である。専属の楽団や歌手によるオペラ公演という特徴も重要だが、音楽の大衆化という視点では、流行歌の嚆矢と考えられる《カチューシャの唄》や《ゴンドラの唄》といった楽曲の誕生が注目されよう。これらの楽曲は、帝劇で演じられた演劇の劇中歌であった。その意味でも、帝国劇場で演じられた演劇や音楽は、その後の芸術・芸能活動のみならず大衆歌謡普及の原点のひとつであった。

芸術座公演『復活』の劇中歌として一九一四年に発表された島村抱月《しまむらほうげつ》・相馬御風《そうまぎょふう》作詞・

図1　中山晋平

中山晋平《なかやましんぺい》作曲《カチューシャの唄》は、さらにレコード発売されることにより爆発的な流行となったのである。芸術座の公演は、松井《まつい》須磨子《すまこ》という女優の誕生と活躍という演劇面での特徴とともに、中山晋平の作曲による劇中歌が、レコード化されて流行していくという音楽面の特徴も見のがせない。芸術座公演から生れた楽曲としては、一九一五年『その前夜』の劇中歌である吉井勇作詞・中山晋平作曲《ゴンドラの唄》、一九一七年の明治座公演『生ける屍』の劇中歌である北原白秋作詞・中山晋平作曲《さすらひの歌》などがあげられる。

一方、レコードや映画というメディアから誕生した歌の嚆矢が、千野かほる作詞・鳥取春陽作曲で一九二三年に発売された《籠の鳥》であり、一九二一年に発表された野口《のぐち》雨情《うじょう》作詞・中山晋平作曲の《船頭小唄》であった。楽譜が発売され、演歌師が歌うことで流行し、その後一九二二年にレコード発売された《船頭小唄》は、翌年には同名で映画化され、歌も全国的に流行した。大阪で流行していた《籠の鳥》もまた同様に一九二四年のレコード発売の後、映画化される。このようにレコードというメディアのみならず、視覚メディアである映画との協業により音楽が大衆化していく。

レコードは、一九二八年に電気吹込みが導入されることにより音質が改善され、普及が本格化する。中山晋平の作品では《出船の港》や《波浮《はぶ》の港》が発売されるし、《私の青空》《アラビヤの空》といったジャズや、《君恋し》《東京行進曲》《道頓堀行進曲》など、多様なスタイルの楽曲が普及していくことになるのであった。

「戦争の時代」とうた

戦時体制下のうた

前節で見たように、大衆歌謡は、社会状況を直接反映しながらさまざまなスタイルを取り入れ、普及拡大していった。しかし、十五年戦争期には、歌をめぐる環境は激変していく。それは戦時期特有の、歌による戦意昂揚や国民教化動員、国策宣伝といった上からの統制手段としての活用や呼応、「健全娯楽」（当時は「慰楽」ともいわれた）としての期待が大勢を占める一方で、国民大衆の心情の発露という、本来の流行歌としての役割を担う状況も見られるなど、ホンネとタテマエが交錯した「歌」のあり様が浮き彫りになる。ここでは、これら歌の諸相を概観し、社会と音楽のかかわりやいとなみを考えてみたい。

満洲事変から日中戦争へ

「戦争の時代」である一九三〇年代から四〇年代は、本書の主題である「国民歌」が盛んにつくられ歌われた一方で、一九二〇年代に開花した流行歌が、さらにさまざまなスタイルで多様なテーマを歌う音楽となって本格的に創作され、大衆に支持された時代でもあった。それはまた、作詞や作曲、編曲という楽曲創作の担い手、歌手や伴奏者といった演奏の担い手、そして楽曲の受け手である大衆という受容層それぞれの拡大という環境の変化も大きく影響していたはずである。

一九三〇年代は、日清・日露戦争で決定的となった東アジアへの影響力強化を主眼とする帝国主義政策が、本格的な武力行使により全面戦争へと展開していく時代であった。それに伴って、国内では政治・経済のみならず、思想や風俗、労働、文化といった国民生活に関わるあらゆる面で戦時体制化や統制が進行していくことになる。本節に関わる時期では、昭和恐慌を経て、一九三一年（昭和六）の満洲事変の開始、一九三二年の日本の傀儡《かいらい》国家・満洲国建国、五・一五事件、一九三三年の国際連盟脱退や滝川事件、一九三五年の天皇機関説問題や国体明徴声明発表、一九三六年の二・二六事件、日独防共協定成立、宗教団体への弾圧、一九三七年の日中戦争の開始や国民精神総動員運動、人民戦線事件、一九三八年の国家総動員法公布、一九三九年のノモンハン事件、第二次世界大戦の開始、生産力拡充計画決定や物価・賃金統制強化、映画法公布、一九四〇年の新体制運動、大政翼賛会《たいせいよくさんかい》成立、日独伊三国同盟成立や北部仏印進駐、隣組《となりぐみ》制度の開始、大日本産業報国会設立といったように、枢軸同盟の成立と東アジアの覇権をめぐる帝国主義戦争の泥沼化、国策遂行に連動した経済・思想・文化統制の進行といった国民生活への影響が次第に顕在化した時期であった。

「戦争の時代」の大衆歌謡

「戦争の時代」の大衆歌謡のひとつの特徴として、その時々の政策や戦局を反映したテーマ歌謡があげられる。「大陸もの」「上海もの」「南京もの」「南方もの」等々と総称される楽曲がそれである。

アジア地域への覇権拡大政策は、満洲事変や満洲国建国、さらにアジア・太平洋戦争期の南方進出などとなってあらわれている。それは「歌」においては「大陸もの」の流行となった。一九三四年の《国境の町》《急げ幌馬車》などがその嚆矢である。以降主な楽曲を列挙してみると、盧溝橋《ろこうきょう》事件後の一九三八年の《上海だより》《南京だより》《上海の街角で》、一九三九年《上海ブルース》《広東ブルース》、一九四〇年《広東の花売娘》《上海の踊り子》、一九四一年《花の広東航路》《パラオ恋しや》、一九四二年《マニラの街角で》《ジャバのマンゴ売り》《南から南から》《バタビヤの夜は更けて》とアジア・太平洋戦争期に至ることになる。これらはメロディや歌詞にその地域性を反映させることにより異国への憧れやエキゾチズムを演出する楽曲であった。

一九三〇年代の大衆歌謡は、またその創作の担い手達の力量に支えられていた側面が大きい。その担い手とは古賀政男《こがまさお》や古関裕而《こせきゆうじ》、佐々木俊一、江口夜詩《えぐちよし》、服部良一《はっとりりょういち》、大村能章、細川潤一、万城目正《まんじょうめただし》、倉若晴生《くらわかはるお》のほか、明本京静《あけもときょうせい》、林伊佐緒《はやしいさお》といった作曲家たちであるが、彼らは戦中から戦後に至る大衆歌謡の屋台骨を支えていたといっても過言ではない。彼らがそれぞれの持ち味を発揮しながら多様な楽曲を創作し発表していた。特に古賀政男や古関裕而は、わが国の音楽文化を語るのに欠くことのできない存在である。

図2　古賀政男

こうした作曲家が活動を本格的に展開したのが「戦争の時代」の真っ只中であった。

一九三〇年代は、またさまざまな形態やテーマの楽曲が発表され始めた時代でもあった。たとえば、前述した新民謡に続き、一九二七年の《三朝《みささ》小唄》《ちゃっきり節》から一九三三年《天竜下れば》に代表される地方小唄がご当地ソングとして一世を風靡する。また花柳《かりゅう》界の芸者達が地方小唄など歌ってレコードデビューし「ハー小唄」と呼ばれる歌謡を流行させたり、一九三四年の《赤城《あかぎ》の子守唄》に見られる股旅《またたび》ものや一九三六年の《忘れちゃいやよ》などの「ネエ小唄」等々、また映画主題歌なども数多く発表され、特徴ある顔を持った流行歌が生れた。その一方で、満洲事変の戦局を反映した「歌」も作られていた。一九三二年の《満洲行進曲》を皮切りとし、後述する一九三二年のいわゆる肉弾三勇士を賛美する楽曲や《討匪行《とうひこう》》《亜細亜《アジア》行進曲》などがその類である。特に日中戦争期になると、上からの文化統制とも相まって、このような戦争をテーマとする楽曲が氾濫していくことになるのであった。

「国民歌謡」の放送開始

日本放送協会のラジオ放送が音楽に求めた役割は、「健全且つ明朗にして真の慰安となるべき曲目の編成」であり、その方向性は大衆歌謡に対する厳しい認識となってあらわれていた。一九三四年から開始されていた内務省によるレコード検閲でも思想・風俗統制の観点から、歌詞や女性歌手の歌い方など大衆歌謡の頽廃性・猥雑性を問題視していた。

日本放送協会では、このような状況を踏まえた慰安放送の拡充という放送政策が推進されたが、その一環として大阪中央放送局の文芸課長だった奥屋熊郎の発案により一九三六年四月に「新歌謡曲」という番組が二回にわたり放送された。そして同年六月から新しい音楽番組である「国民歌謡」が放送開始となり第一曲《日本よい国》が放送された。その「国民歌謡」の目指すところは、新鮮な今日の歌、ある水準を保った品性、大衆の教養レベルにあわせた単純かつ新鮮な旋律を第一義とした国民的歌謡の創造にあった。「国民歌謡」は、この目的に見合った曲を毎日昼間（後に一九時台へ変更）の五分間、原則として同一楽曲を一週間連続して放送する、すなわち反復継続して同一楽曲を放送するところに最大の特徴があった。

図３　「国民歌謡」楽譜書影

一九四一年一月放送の《めんこい仔馬》まで全二〇五曲が放送された「国民歌謡」は、社会の影響をまともに受けながらその性格を変化させていった。当初は、健全・明朗な、情操涵養を目的とした大衆のための音楽としてスタートしたが、一九三七年七月の日中戦争開始により大きく方向転換し、音楽領域全般がそうであったように、新たに国民教化動員や戦意昂揚、国策宣伝といった役割を担うこととなった。

この変化は楽曲にも顕著にあらわれていた。初期の楽曲は、《椰子《やし》の実》や《春の唄》など「誰でも朗らかに歌える」という目的に見合った性格のものが大半で、いずれも歌詞やメロディーの美しさ、親しみやすさ、覚えやすさが際立っており、既存の大衆歌謡ともまたクラシック系統の歌曲とも違う「愛唱歌」と呼ぶにふさわしい音楽であった。しかし盧溝橋事件以降の「国民歌謡」の大多数は、教化動員や国民意識昂揚、国策宣伝といった役割を担う音楽に変質した。これらの楽曲はその特徴によりさらに類型化できる。第一は大和撫子《やまとなでしこ》像や銃後を守る女性像といった「女性」をテーマとしたもの、第二は軍事関係以外の国家イベントのためのもの、第三に皇国や皇軍賛美のもの、第四に国民精神総動員への呼応、第五に戦時下の国民運動や国民生活を題材としたものであった。

これらの楽曲は、さらにその制定形態によって日本放送協会の委嘱によるもの、放送局以外の政府機関や官製国民運動団体、メディア等による公募や委嘱によるもの、各種の選定歌・制定歌の三つに分類できる。

このように日中戦争期の「国民歌謡」で放送された楽曲は、「国民歌謡」の後継番組である「われらのうた」（一九四一年二月放送開始）、「国民合唱」（一九四二年二月放送開始）と同様に、国民教化動員や国策宣伝を目的に「上から」制定された公的流行歌と考えられる「国民歌」の性格を帯びたものであったといえよう。

しかしそのような中にあっても、聴取者の反応には大衆の求めていたホンネの部分を垣間見ることができる。

「国民歌謡」の評価

「国民歌謡」の中で、聴取者側と放送側の双方から高い評価を得ていたのが《蚕》と《隣組》であった。この二曲には、軽快な二拍子系の曲で楽しく聴け歌えること、誰でも歌いやすく平易であり覚えやすいこと、国民の日常生活に密着した題材による親しみやすい内容といった特徴があった。

また大衆の支持という観点からは、前記第三の性格を持った楽曲の中でも、レコード発売されて支持を受けていた楽曲、たとえば《愛馬進軍歌》《暁に祈る》《燃ゆる大空》なども「国民歌謡」として放送されている点は注視したい。なぜなら「国民歌謡」は「国民的歌謡の創造」を目的としたもので、従来のレコードによる大衆歌謡とは一線を画すものと位置付けられていた。しかしこのような放送目的を逸脱せず大衆受けする楽曲をも取り入れないと番組として立ち行かない側面も見られたのである。レコード発売されていた大衆歌謡であっても国民大衆が本当に求めていた楽曲を厳選し放送していた事実は「国民歌謡」の限界と当時の「歌」のあり様を反映していると考えられる。

健全・明朗かつどこでも誰でも歌える歌という理想を掲げて始まった「国民歌謡」であったが、逓信省所管のラジオ放送ゆえに国家による放送政策や日中全面戦争化という社会状況に抗うことはできず、結果として「国民歌謡」自体が「国民歌」としての役割を担うこととなった。しかし聴取者がラジオの娯楽放送や音楽放送に求めていたものは「慰安」というホンネの部分であった。聴取者の反応、あるいは戦後の「ラジオ歌謡」でのリバイバルや《椰子の実》など今日まで歌い継がれている楽曲を見てみると、「国民歌謡」に対してもそうした期待が依然として高かったことがうかがわれる。特に高い支持を得ていた楽曲の特徴は、まさに放送開始前に大阪中央放送局が掲げていた趣意にそのまま適合するような性格の楽曲であり、「国民歌謡」の目指したものがわずかではあれその実践の中で開花していたのであった。

日中全面戦争の時代

盧溝橋事件の発生は、政治・経済のみならず、文化領域にも戦時体制化を強制させる「事件」であった。それは上からの国家政策に連動する形で、音楽を積極的に国家目的に活用していく施策となってあらわれた。

その嚆矢が一九三七年十二月に発表された《愛国行進曲》であり、以降本書が扱う「国民歌」が続々と発表され歌われる時代を迎えることとなる。さらに社会状況と連動して、音楽に単なる楽曲制定・普及に止まらず、次第に国家イベントや国民運動の一翼を担う役割が課せられるようになってくる。

たとえば、一九四〇年の紀元二千六百年奉祝では、皇紀二千六百年奉祝芸能祭の管弦楽や長唄などの日本音楽、バレー、レビュー作品発表のほか、外国人作曲家への作品委嘱と発表演奏（演奏会、レコード発売、楽譜出版）として開催された奉祝楽曲発表演奏会などの楽曲制定・発表といったクラシック音楽の活用があげられる。さらに、広く大衆へのアプローチとして《紀元二千六百年頌歌》といったこのイベントのための「奉祝国民歌」の制定といった取り組みが大々的に展開された。

一方、新体制運動は、政治・経済を中心とする体制変革を促すこととなり、その結実として、一九四〇年十月に大政翼賛会という政治団体が誕生した。翼賛会は単なる政治組織にとどまらず、文化部や宣伝部によってさまざまな文化運動を主導していくことになる。それは翼賛会だけでなく、内閣情報部が一九四〇年十二月に改組拡充して文化統制を担うこととなる情報局や、内務省といった省庁とも連携し、文化領域の再編一元化という組織体制の変革であるとか、翼賛文化運動への動員とそこでの楽曲の活用、厚生文化運動への参画といった形で深く関係していくこととなる。

このような上からの統制が本格化する中でも、大衆歌謡はその時々の社会を反映しながら普及していた。この時期を語る楽曲としては、一九三七年《露営の歌》《別れのブルース》《海ゆかば》、一九三八年《旅の夜風》《麦と兵隊》《人生劇場》、一九三九年《九段の母》《大利根月夜》、一九四〇年《誰か故郷を想わざる》《燦めく星座》《暁に祈る》《別れ船》《湖畔の宿》《蘇州《そしゅう》夜曲》《燃ゆる大空》《月月火水木金金》等があげられる。これらのうち他の芸術芸能領域との関わりが指摘できるものがいくつかある。たとえば《旅の夜風》《人生劇場》《燦めく星座》《暁に祈る》《燃ゆる大空》などは映画主題歌として発表されヒットした楽曲であるし、《麦と兵隊》は徐州《じょしゅう》作戦に従軍した火野葦平《ひのあしへい》の小説『麦と兵隊』を題材とした楽曲であった。

この時期の楽曲は、後述する「国民歌」制定が本格化する一方で、アジア・太平洋戦争期そして戦後に至るまで、国民大衆の支持が継続していくという独自性を持った楽曲を見出すことができる。《湖畔の宿》《蘇州夜曲》などは、上からの統制が機能せず「国家」の意に反した方向を国民大衆自身が選び取った例であるし、《誰か故郷を想わざる》《暁に祈る》《別れ船》などの曲が戦後も生き残っていた事実は、戦中から戦後にわたり大衆の求める心情を歌い上げていた例として認識すべきであろう。

アジア・太平洋戦争と大衆歌謡

中国大陸での戦闘に加え東南アジア地域への進出という新たな局面となったアジア・太平洋戦争期には、大衆歌謡も雪崩《なだれ》を打って「戦争讃歌」へと突き進んだ。開戦当初は、マニラ、シンガポール、ヤンゴン、ジャワなどの東南アジア地域を矢継ぎ早に占領し戦略的攻勢であった日本軍であったが、一九四二年六月のミッドウェー海戦敗北を機に戦略的守勢に転換し、その後は一九四三年四月の山本五十六《やまもといそろく》戦死や五月のアッツ島守備隊玉砕《ぎょくさい》を経て一九四四年六月のマリアナ沖海戦の敗北、サイパン島守備隊玉砕、十月のレイテ沖海戦敗北、一九四五年三月の東京大空襲以降本格化する都市爆撃、四月のアメリカ軍沖縄本島上陸、八月の広島・長崎への原子爆弾投下と続いていく「大東亜共栄圏」構想の破綻の過程であった。この間一九四一年の言論出版集会結社等臨時取締法、一九四二年の配給制度開始、翼賛選挙の実施、一九四三年の学徒出陣、一九四四年の国民勤労動員、軍需会社指定、決戦非常措置要綱発表など、国民生活はすべて戦時体制の下に組み入れられていた。

音楽も例外ではなく、反米英思想の裏返しとして、日本主義が優位となる風潮であるとか、戦争遂行のための経済・思想・娯楽といった領域への統制強化があり、大衆歌謡にも直接時代を反映するものが強制される結果となった。

具体的には、発表された楽曲からその状況を垣間見ることができる。一九四一年《英国東洋艦隊潰滅》、一九四二年《大東亜決戦の歌》《空の神兵》、一九四三年《加藤隼戦闘隊》《若鷲《わかわし》の歌》、一九四四年《特幹の歌》《比島決戦の歌》《勝利の日まで》等の日米開戦から一九四二年六月ミッドウェー海戦敗北のあたりまでの日本軍の戦略的攻勢の時期に発表された楽曲の多くは、士気高揚や日本軍の威容を謳歌するものが大半であったが、一九四三年四月の山本五十六戦死と五月のアッツ島玉砕を契機に戦略的守勢が決定的となるに及び、時局への危機意識の反映であるとか教化動員を意識した内容へと変化していく構図が見て取れる。これらの詳細は本書「アジア・太平洋戦争期の『国民歌』」の章で詳述する。

しかしその反面で、一九四二年《新雪》《鈴懸《すずかけ》の径《みち》》《婦系図《おんなけいず》の歌》、一九四三年《勘太郎月夜唄》《お使いは自転車に乗って》、一九四四年《月夜船》といった、時局色の無い、抒情的もしくは心情を歌う楽曲が発表されていたことも事実であった。

たとえば次頁の表のデータから国民大衆が「歌」に求めていた真意を探ってみたい。一

表　レコード発売枚数（1943年8月～1944年8月）

発売会社名	曲　名	枚　数	発売年月	備　考
日　蓄	若鷲の歌	233,000	1943年11月	映画『決戦の大空へ』主題歌
日　蓄	轟　沈	81,000	1944年8月	映画『轟沈』主題歌
日　蓄	索敵行	65,000	1943年4月	映画『愛機南へ飛ぶ』主題歌
日　蓄	大航空の歌	50,000	1944年1月	航空局制定
大東亜	別れ船	43,000	1940年6月	陸軍省委嘱
日　蓄	暁に祈る	41,000	1940年5月	映画『征戦愛馬譜・暁に祈る』主題歌
日　響	空の神兵	33,000	1942年6月	記録映画『空の神兵』挿入歌
富　士	大アジア獅子吼の歌	26,000	1943年6月	日本文学報国会・日本音楽文化協会制定，軍事保護院献納
富　士	唄入観音経	24,000	1937年	
日　響	学徒空の進軍	22,000	1944年1月	読売報知新聞社制定
大東亜	月月火水木金金	22,000	1940年11月	
日　響	大航空の歌	22,000	1944年3月	航空局制定
日　響	荒鷲の歌	22,000	1938年7月	

注　『音楽文化』(1944年11月号)の「音楽記録・この一年の音盤」より作成．

『音楽文化』掲載データに発売年月と備考を付け加えた．

発売会社名は記載のまま．1942年にレコード会社の企業整備と社名変更により，コロムビア→日蓄，ビクター→日響，キング→富士，ポリドール→大東亜に変更された．

九四三年八月から一年の間で圧倒的な支持を得ていた楽曲は発売間もない《若鷲の歌》であった。この楽曲は土浦の海軍甲種飛行予科練習生（予科練《よかれん》）をテーマに制定されたものであった。作曲者の古関裕而は、当初長調の楽曲を作曲したが、納得できず土浦へ向かう列車内で短調の楽曲を作曲し、練習生の前で両方を演奏したところ、多数の練習生が短調の楽曲を選んだので、決定したと回想している（古関裕而『鐘よ鳴り響け』）。それほどまでに聞く者にとって魅力あるメロディであったことは、その後のレコードの発売状況からも明白であろう。

しかし最も注目すべきは、「名残《なごり》つきない　果てしない　別れ出船の　鐘が鳴る……」と切々と歌う清水みのる作詞・倉若晴生作曲《別れ船》や佐伯孝夫作詞・古関裕而作曲《暁に祈る》といったすでに発売されて何年か経過していた大衆歌謡の高ランキングであり、浪曲《ろうきょく》《唄入観音経《うたいりかんのんきょう》》の存在である。国民大衆の「慰安」であるとか「よりどころ」を求める心情が、これらの楽曲への支持となってあらわれていることは間違いない。

このようにアジア・太平洋戦争期においては、国民意識の喚起や昂揚を目的とした国民運動で「国民歌」が活用されるなどの形で文化芸能領域が動員されていた。しかしその反面でタテマエだけではない、国民大衆のホンネが違った形で吐露されていたこともまた事実であった。「うた」にはさまざまな役割が求められ、また担い、担わされていたのである。

「国民合唱」の位置付け

健全なホームソングを目指したラジオ番組「国民歌謡」は、逓信省所管のラジオ放送であるがゆえに時局の変遷に抗うことはできなかった。結局は教化動員や国策宣伝の役割を担う結果となり、一九四一年一月に終了し、翌月からは「われらのうた」として放送が開始され《大政翼賛の歌》《アジアの力》といった大政翼賛会選定の楽曲などが発表された。そして同年十二月にいったん放送が中断し、一九四二年二月からは新しく「国民合唱」が放送開始となった。

「国民合唱」では、《此《こ》の一戦》に始まり、一九四五年八月の《戦闘機の歌》まで九〇余曲が放送され、ラジオ放送のみならず「われらのうた」として発表された楽曲とともども情報局や大政翼賛会による移動文化運動や音楽挺身活動でも活用され音楽による上からの国民教化動員の一助として機能していた。国家の側は「国民合唱」に剛健で家庭のうたとしてふさわしい国民全員が歌える歌の放送を期待していたが、放送の担い手や音楽界の側は、制約の中でもあくまで大衆に受け入れ、親しまれる音楽の創造を第一義と考えていた。

このような放送側や音楽界の認識は、当初「国民歌謡」においては退廃的な大衆歌謡の駆逐という狙いであったのに対し、「国民合唱」では積極的に大衆歌謡の要素を取り入れて国民の支持を得ることを至上命題としていたことにあらわれており「国民合唱」の眼目として留意すべきである。作曲家の柴田南雄《みなお》をして「旋律も構成も完璧だし情緒もある」といわしめた山田耕筰《サイパン殉国の歌》のほか、八分の六拍子の女声三部合唱による美しいメロディーの橋本國彦《戦う花》、明るく変化に富むメロディーが特徴の高木東六《征《ゆ》くぞ空の決戦場》などに独自性が見出せる。しかしながら曲調をいかに工夫しても国民教化動員や国策宣伝といった時局を反映した内容の歌詞をうたうものである限り、受け手の感情に訴える、時代を越えて歌い継がれる楽曲は生まれにくかったことは事実であった。

「国民歌謡」から「国民合唱」に連なる歌は、「国民歌謡」開始時の目的からは大きく逸脱し、社会状況に連動しつつ時代の制約の中で結果として国民教化や国策宣伝、国民意識昂揚といった「国民歌」としての役割を担っていた。しかしこれまで概観したように個々の楽曲には、それまでに見られなかった新しい要素や独自性、戦時下という時代のワクにとらわれない音楽性が見出せるケースもあった。

一九四六年五月から装いも新たに「ラジオ歌謡」の放送が始まるが、当初放送された楽曲の中には、初期の「国民歌謡」も二〇曲余り含まれていることなどを見ても、改めて「国民歌謡」の意図した目的が「ラジオ歌謡」に継続して重視され実践されていたことが理解されよう。「国民歌謡」「われらのうた」「国民合唱」を歴史の彼方に封印するのではなく、これらの楽曲の誕生・普及の意味を改めて考えてみるべきではなかろうか。それはまた、この時期に発表された楽曲全般にもいえることである。

以上、足早であるが近代日本における「歌」をめぐる変遷を辿《たど》ってみた。導入当初、大衆に全くなじみのなかった西洋音楽が、社会的要因を背景とし、外来文化の「日本化」を遂げていくことにより大衆の中に浸透し、独自の「歌」としての姿を形作ることとなったのである。一九二〇年代に大衆化した音楽は、一九三〇年代から四〇年代に至る時期には、さらに細分化しつつ成熟していくことになるが、同時に時代の波に翻弄され、好むと好まざるとに関わらず、利用され利用させられることとなった。音楽が本来の目的とは異なった方向に統制され動員される時代を迎えることになった。

唱和すべき「国民歌」とは

「戦争の時代」の文化統制

本書「近代日本の歩みと『音楽』」の章でみてきた近代日本の歩みは、天皇制国家体制のもとでの近代化であるとか帝国主義化の歩みそのものであり、その結果として一九四五年（昭和二十）の敗戦に至る「戦争の時代」を招来するのであった。ここではまずこの時代の音楽文化の姿について詳しく見ていきたい。

日中全面戦争と文化統制

日中戦争期には、一九三七年（昭和十二）八月の国民精神総動員実施要綱決定や、十二月の人民戦線事件といった思想統制、同年九月の臨時資金調整法や輸出入品等臨時措置法を発端とする経済統制の推進といった形で戦時体制が強化された。それは文化政策の面においても同様であった。満洲事変期においては、音楽の領域で直接上からの統制が大々的になされることはなかったが、日中戦争が始まると、後述するレコード検閲の強化＝大衆歌謡への検閲強化のほかにも、「国民歌」制定の本格化、演奏活動への影響、経済統制の波及といった形で直接間接の影響をもたらすこととなった。

演奏活動への影響としては、一九三七年八月に内閣情報部や音楽団体による愛国音楽連盟の設立と同連盟主催の同年十月「創作軍歌発表演奏会」の開催、「国民歌」発表、軍歌献納や献金、銃後奉仕を目的に掲げた演奏会の開催といった国家目的に即応した演奏会の開催といった事例があげられる。もっとも政府と音楽界が協調した愛国音楽連盟は、その後に活動が継続していくこともなく、一時的な組織化であったが、時局に連動した演奏活動の推進という観点では、その嚆矢《こうし》ともとらえられるものであった。

経済統制の波及は、演奏家や楽器業者への影響となってあらわれていた。北支事変特別税法による物品税の新設、支那事変特別税法による入場税の新設と物品税の改正、輸出入品等臨時措置法による物資・資材統制が、演奏会や楽器製造・販売に直接的な影響を与えていた。たとえば、北支事変特別税法では物品税第二種に蓄音器とその部分品、レコード、楽器とその部分品が課税されたし、輸出入品等臨時措置法では輸入禁止品目に蓄音器とその部分品・付属品、楽器、放送無線電話聴取用機械、象牙（ピアノの鍵盤や三味線のばちの材料）が指定されていた。経済統制の影響は、この他にも輸出入為替許可制、臨時資金調整法、軍需動員法などにより外来演奏家・舞踊家の来日であるとか、楽譜やレコード原盤の輸入などに支障が発生していた。これらの問題は以降アジア・太平洋戦争期になっても公定価格の設定等さまざまな影響を及ぼしていくことになる。

レコード検閲の開始

音楽に関わる直接的な統制として強化されたのが、内務省警保局図書課により行われたレコード検閲であった。内務省とは、一八七三年（明治六）に設置、一九四七年に廃止された警察・地方行政・土木・選挙等の内政全般を所管した行政官庁であり、警保局は、行政警察に関する事項、高等警察に関する事項、図書出版及び著作権に関する事項を担当したセクションで、特に政治・思想犯取締りの特高警察を扱う部署として内務省の中核に位置付けられていた。

この警保局が扱っていた図書出版取締りに対応した法規が、一八九三年に従来の出版条例に代わり公布された出版法であった。一方で、内務省は一九三三年十月よりそれまで各府県単位で実施していたレコード類の取締を統一して実施することとしたが、そこで根拠となった法規が一九〇〇年公布の治安警察法第十六条であった。これは往来での表現の自由を取り締るものであったが、この条文を拡大解釈し個人の鑑賞においても治安警察法をもって取り締ることとなった。この状況をふまえ、出版法中改正案が一九三四年の第六五議会に提出され、同年八月から施行された。この改正案の内容は、出版禁止事項に「皇室ノ尊厳ヲ冒瀆」するもの、「安寧秩序ヲ妨害」するもの、犯罪を「煽動」するものの三項目が追加されると同時に、レコードの取締りに出版法を適用するものであった。このように一九三四年八月施行前に発売されたレコードは治安警察法、施行以後に発売されたものは、出版法もしくは治安警察法が適用され、思想・風俗統制のひとつとしてレコードに対する取締りが強化された。この統制強化の背景には、非合法ながら日本共産党再建等の左翼運動や勢力の動き、滝川事件などの思想統制の強化、血盟団事件や五・一五事件などの思想や治安対策などが絡み合っていたと推測される。このようにレコード検閲は、流行歌に限定したものではなく、あくまで思想・風俗統制として漫才や演説など録音販売されたレコード全般を対象として開始されたものであった。

レコード検閲の状況

このように開始された内務省によるレコード検閲であったが、「安寧」を理由とする処分の大半は「軍紀紊乱《びんらん》」であった。しかもこの背景には「製作業者の自発的注意に依り可及的要注意ものの発行が未然に防止せられ居る」（『昭和十年中における出版警察概観』）ことに過ぎないことは統制側でも認識していた。内務省側の意識は、実際に処分対象とならないまでも、依然として発売され国民大衆から支持されているさまざまな流行歌への危機意識と一歩踏み込んだ取締強化を期待していた。そのことは実際に検閲を担当していた小川近五郎の次の記述からもうかがいしれよう。

遺憾に感ぜられることは、検閲によって明確に水準の向上を期し得なかったことである。勿論《もちろん》検閲創始後に於ては、第一段階の整理、即ち「その内容が安寧秩序を妨害し若《もしく》は直ちに風俗を壊乱すると認められるものの出現を防止する」手段と役割は一応成就したのであった。が前にも一言したように検閲の創始ということだけでは内容を質的に改善せしめることは殆んど不可能であったばかりでなく、検閲に気兼ねした為か過去の「はやり唄」のように大胆率直な露悪振りはなくなったかわりに、妙に遠回しに擽《くすぐ》りを利かした歌を作る傾向も生れた……検閲なり取締りというものも消極的に排除作用ばかりに終始したのでは、悪質排除の目的を果すことさえ覚束なくなる虞《おそれ》があるので、勢い改善進歩を目指して指導的立場を執ると謂《い》ったように、積極的な面に迄進出する必要に直面したのであった。（小川近五郎『流行歌と世相』一九四一年）

出版法を根拠に内務省が行ったレコード検閲であったが、検閲の開始によって目に見えた効果があらわれず、むしろ風俗を乱すような「好ましくない」流行歌レコードが相変らず発売され続けている現状に危機感を抱いていた様子が垣間見られる。この状況を打開する契機となったのが、日中戦争の開始であった。再び小川の記述を引用する。

実を言うと、風潮刷新の手段として娯楽一般はもとより、流行歌の末に至る迄、その質の根本的建直しを熱心に希望していたのである。けれども大衆の素質と気風から生れる風潮は滔々《とうとう》として圧力を生じ、世相ともなり社会常識をさえかたちづくった。一気に進行することは徒労に畢《おわ》る虞《おそ》れが多分にあった。大衆娯楽が大衆と遊離しては、目的の達しようもないと考えた。改善の熱意を放棄したわけでは決してなかったのであって、内心ではジリジリと鍔《つば》ぜりで進んでいたのであった。隙があったら踏み込んで斬る。太刀尖《たちさき》に狂いをもたせたくない覚悟もしていたのであった。隙というものはチャンスである。が、そのチャンスは到頭やって来た。それは支那事変であった。

（小川前掲書）

《忘れちゃいやよ》発売禁止の狙い

レコード検閲強化の直接のきっかけは盧溝橋《ろこうきょう》事件であったが、強化の布石は一九三六年三月の《忘れちゃいやよ》の発売に対する取締りの実施にあらわれていた。小川をして「稀有《けう》の曲者」で「恰《あたか》も婦女の矯態を眼前に見る如き官能的歌唱」と言わしめた《忘れちゃいやよ》が問題とされたのは、「ねぇ、忘れちゃいやよ」の発声が「しなだれかかってエロを満喫させようとする手法」であるという理由であった。ただ実際には発売時には特に問題とされなかったことは注視すべきである。発売後の同年六月になってから治安警察法第十六条により発売頒布禁止となった。

実は《忘れちゃいやよ》の好調な売れ行きを見て、他社が《思い出してね》《可愛がってね》といった詩や歌唱法を真似た楽曲を発売するに及んで、エスカレートする状況に卑俗低調性を風俗統制の面から懸念した内務省が、これら一連のレコードに対し発売頒布禁止措置に踏み切ったというのが実態であった。ただし《忘れちゃいやよ》の取締りは、検閲では問題なしとして発売を許可していたため、「其ノ源ニ遡リテ処置ヲ講ズルノ必要ヲ生ジタル」として、類似レコードを出版法による処分としたことと区別して、発売頒布済みレコードの取締りを治安警察法第十六条を適用して処分したというのが実態であった。発売済みレコードに、遡って出版法を適用する矛盾を回避すべく治安警察法の拡大解釈がなされたと考えることができよう。この背景には、この時期の「不健全」な社会風潮の刷新に躍起となっていた内務省の思想・風俗統制へのスタンスがあった。彼らの思惑がなかなか社会に受容されない苛立ちが、盧溝橋事件を契機に統制の強化という形で正当化されていったのである。小川はこの事情を素直に述べている。

理想的な見解を織り込んだ取締も殆《ほと》んど覚束ないことであったのである。それで前記の「忘れちゃいやよ」を処分して各製作者に対して一様に将来を戒告したのであったが、こう謂《い》った傾向と色彩とを根絶することは不可能であった。

斬り込むチャンス

日中戦争開始直後のレコード界は、すでに発売されていたものの再販や新譜など「之等《これら》旧盤ノ再発行ト時変ニ因《ちな》ンダ新発行トガ毎月新譜ノ大部分ヲ占ムルに至ツテヰル」(『出版警察資料』第二七号、一九三七年十一月)という状況を呈していた。実際には一九三七年八月発売の《裏町人生》のような時局に相反する楽曲が発表されていた例も見られるが、概ね雪崩《なだれ》を打って時局に迎合し、またさせられていた状況であった。これはレコード業界が社会状況を踏まえた発売戦略をとっていたこともあるが、何より内務省のレコード検閲の姿勢が影響していた。

この状況は、一九三七年八月三十一日に開催された内務省警保局長主催のレコード関係者懇談会からも見て取れる。この懇談会は、各レコード会社、作詞作曲家、大日本音楽協会役員、文部省社会教育官、内務省警保局長、同図書課長とレコード検閲関係官が出席して開催されたもので、内務省側から、①レコード製作上留意すべき事項については、ジャズや流行歌の健全化、②題材の選択に関する件では、頽廃的絶望的なものを作らぬこと、事変を取り扱った軍機、軍略に関するものは注意を要すること、③曲調の構成に関する件では、調哀軟弱を避けること、④演奏者に関する件では、演奏者は時局に関する認識を以って剛健なる気持ちを以って吹き込むこと、⑤宣伝の方法に関する件では、国民の士気鼓舞に力を入れること、⑥取締官庁との連絡協調に関する件では、製作者側から製作前から検閲との連絡協調を希望といった協議事項が提出され、それぞれの方向性が確認された。ここで示された検閲方針は、いずれも内務省が以前から問題視していた事項であり、盧溝橋事件を契機とした社会情勢を背景に検閲方針の強化として実施されたものといえよう。

この方針は前述したように、発行側の自己規制の側面も手伝って、ほぼ内務省の意向通りに推移した。「事変発生以来戦況又ハ銃後ノ状況等時局ニ因ミテ発行セル『レコード』ノ種類ノ数ハ一三五四種類ニ及デイル、就中《なかんずく》軍歌、流行歌、端唄、俚謡等歌謡『レコード』ガ最モ多ク八四三種ノ多キニ達シ総数ノ過半数ヲ占メテヰル」状況ではあるが「本月（引用者注・十二月）頃ヨリ時局物ガ稍々《やや》減少ノ徴《きざし》ニ在リ普通ノ内容ニ還元シツツアル」傾向が見られた（『出版警察資料』第二九号、昭和十三年一月）。しかし検閲が強化されたといっても、検閲により流行歌を排除もしくは駆逐するという姿勢ではなかった。内務省自身がこの事情を最も的確に摑《つか》んでいたことは、小川の記述からも明白である。

私的流行歌は、教養指導なり警察的干渉なりによって、質の向上を図ったり或は又変質せしめることは出来ても、これを根絶せしめることはできない。仮令《たとえ》表面上出来たようにみえても、実体の根絶は不可能である。それ故に、善き変質をなさしめて存置する他はないのであろう。（小川前掲書）

これらの議論は、従来の大衆歌謡が「卑猥、低調、萎靡、頽廃的、自暴自虐的な不健全な流行歌」であって、これらに替わるために、質実剛健、明朗闊達な健全なる慰安と大衆の指導教化のための歌曲制定を推進すべきであるというものであった。これらの主張は、一九三七年十月に発表された「愛国行進曲懸賞募集規定」にあらわれている。その歌詞募集規定では「（イ）美しく明るく勇ましき行進曲風のもの、（ロ）内容は日本の真の姿を讃え、帝国永遠の生命と理想とを象徴し国民精神作興に資するに足るもの、……（ニ）平時戦時を問わず常に和唱し得るもの」とされた。ここで目指された健全な歌曲という呼称は「愛国歌」などと総称されていたが、まだ「国民歌」という概念や呼称は使われていなかったようである。しかし次章で見ていくように、日中戦争の進展に伴って、従来の大衆歌謡とは違った「国民歌」として新たな目的のための歌謡が求められ、発表・普及していった。

一九四〇年に見られた新体制運動の広がりは、政治・経済のみならず文化領域にも影響を及ぼすことになる。各文化領域はほぼ例外なく国家体制の中に組み込まれ、その領域ごとに再編一元化や組織化といった形で再編されていった。

社団法人日本音楽文化協会

音楽界においては、警察主導による興行統制の強化の一環として一九四〇年七月に設立された演奏家協会と、一九四一年十一月に情報局と文部省の共同所管により設立された、楽壇の一元統制団体である社団法人日本音楽文化協会（以下「音文」と略す）に再編された。文化統制のひとつの到達点は、音楽界においては、一九四〇年から翌年にかけての、再編一元化による音文の設立と興行統制による演奏家協会の誕生にあったといえよう。その後アジア・太平洋戦争期に至ると、演奏家協会は演奏活動統制ともいえる技芸者制度という鑑札制度の運用のほか、演奏家の動員による挺身活動や軽音楽への統制などにも関わり、一九四三年八月に音文に統合されるまで山田耕筰《やまだこうさく》会長のもとで活動していく。音楽界の再編一元化として発足した音文は、設立当初こそ音楽活動を重視した体制と活動を行っていくが、時局の展開に連動して組織の改編が行われ、結果として音楽による国民教化動員や国策宣伝のための活動が主体となっていくのであった（戸ノ下達也『音楽を動員せよ』二〇〇八年）。

一九四五年十月の解散に至る音文の活動は、設立当初は管弦楽、室内楽、声楽などの作品募集や試演会、勤労者向けの音楽講座といった音楽芸術活動が中心であった。しかし前述したような変化に連動して、演奏活動も戦意昂揚・宣伝が主体となる。また歌唱指導による挺身活動は敗戦に至るまで重要な活動となったし、国民運動のための楽曲委嘱・募集による「国民歌」の量産のほか、演奏会企画や演奏活動統制、楽団や演奏家の審査、対外宣伝など国策遂行を補助する機関としての役割を担っていた姿が浮き彫りとなっている。特に「国民歌」の量産と普及活動は、情報局や大政翼賛会《たいせいよくさんかい》、大日本産業報国会などの機関と連携して実施されたさまざまな国民運動において推進されたこの時期特有の音楽の活用であった。

アジア・太平洋戦争と歌

日中戦争期からアジア・太平洋戦争期に見られた音楽による国民運動の典型は、厚生運動であった。厚生運動とは、「ドイツ労働戦線のクラフト・ドゥルヒ・フロイデ（いわゆる「歓喜力行団」）、イタリアファシズムのドーポ・ラヴォーロ事業団に強い影響を受け、「健全娯楽」（＝慰楽）による国民の

『余暇善用』と『体位向上』を掲げて出発した戦時レクリエーション運動」（高岡裕之「大日本産業報国会と『勤労文化』」）であった。特に翼賛体制下での翼賛文化運動や芸能文化運動、勤労文化運動などと称されたような運動で音楽が盛んに利用された。これらは前述したように情報局、大政翼賛会文化部や宣伝部、大日本産業報国会といった組織が主導した運動であり、そこでの音楽は「国民歌」が主体であったのである。

「国民歌」をめぐる言説空間

「国民歌」よ、出でよ

「近代日本の歩みと『音楽』」の章で概観した「歌」の近代史は、前節で見てきた文化統制の進展過程とどのようにリンクしているのであろうか。ここでは「歌」が国家政策や教化動員、国策宣伝という機能を担い、また担わされていく過程を、「国民歌」という認識が普遍化されていく流れから見通してみたい。

「国民歌」が声高に主張され始めたのは、日中戦争期であった。時系列での音楽作品の変遷や特徴は「日中戦争期の『国民歌』」の章で言及するとして、まず「国民歌」というネーミングのルーツを探ることにしよう。

前述した小川近五郎は、大衆歌謡に対する国側の認識を明確に打ち出していた。何より

「国民歌」のワク組みを初めて明示したのがほかならぬ小川であった。彼は次のように述べていた（以下引用は小川前掲書）。

「民謡とはやり歌」で「今日以後の民謡というものは、単に一地方的郷土を持った歌ではなくなり、広く国土全般に共通な国民感情を代弁し、国家的民族性を表示したものとなるであろうと考えられるのである（たとえば愛国行進曲とか太平洋行進曲とかの如き歌）。但しそれは謂わゆる公的民謡の場合であって往時に於ける生活から発足した各種の私的民謡が今日以後に於ては各地方で生れることなく、すでに世上に流布されたもの、又は今後新作されるであろう数々の流行歌の中から撰ばれるのではないかと考えられるのである。」

その上で、小川は一九三七年に内閣情報部が作詞・作曲を公募した《愛国行進曲》を題材に論じていた。

事変が始まってからは、世間の有識者達の間でも、国民歌を作って大いに大衆に歌わせて時局下の士気を鼓舞すると同時に、流行歌の改善にも資したいという意向が高まった。……十二年十二月に至って、内閣情報部は待望の国民歌「愛国行進曲」を世に公にして事変下に多大の功績を貽《のこ》したのであった。

「愛国行進曲」の出現によって兎《と》も角《かく》我が国に代表的国民歌が出来たことは、実に慶ばしいことである。……この「愛国行進曲」は、第一項でもちょっと述べておいたように、新時代の公的民謡（或は又公的流行歌）であることには相違ない。

このように、小川自身は「国民歌」を論理立てて定義していたわけではないが、《愛国行進曲》が「公的流行歌」であり、「待望の国民歌」であり「代表的国民歌」である、と論じる中で「国民歌」という考え方を一般に告知する結果となったのである。

この小川の整理を援用して「国民歌」を具体的な楽曲を例示しながら論じたのが、吉本明光であった。

国民歌とは何ぞや、実はその説明に苦心しようと思ったところ、情報局でレコードの検閲をされている小川近五郎氏が非常に明快端的に国民歌の定義を下している。曰《いわ》く「国民歌とは公的流行歌なり」。

（吉本「『国民歌』を環って」『音楽之友』一九四一年十二月号）

前述したように、小川は「国民歌とは公的流行歌なり」という記述はしていない。むしろ小川の主張の要点を吉本なりにまとめたのがこの定義であろう。その意味では吉本が小川の意図した「国民歌」の概念を広く唱導したといえる。

しかしこの視点はやはり当時の社会状況と音楽との関係を鋭く突いた見方であることは間違いない。喜びや安らぎ、苦しみといった情緒や心情をうたう楽曲の一方で、圧倒的多数の楽曲が国家政策や宣伝、教化動員の役割を担わされた戦争の時代の歌謡とは？　そう考えたとき、私は小川や吉本が示したワク組をより厳密に、「国家目的に即応し国民教化動員や国策宣伝のために制定された『上から』の公的流行歌」と仮定してみたのである。これを「国民歌」として捉え、楽曲を通して戦時体制という社会を考えてみたらどうだろうか。

日中戦争期の「国民歌」をめぐる言説空間

戦時期を通して見てみると、筆者が定義した「国民歌」という脈絡で呼ばれる楽曲群は「国民歌」のみならず「軍歌」のほか「愛国歌」「時局歌」「厚生音楽」などさまざまな言い回しで呼ばれていた。いずれもその意味は、大同小異であったが、正面から議論されるときには決まって「国民歌」という呼称が用いられていた。

この「国民歌」をめぐる議論というのは、その時々の状況を如実に反映して展開していたことがわかる。その発端は前述した《愛国行進曲》をめぐる議論であった。

日中戦争の開始は、音楽、特に大衆歌謡に関する問題を顕在化させることとなった。それはたとえば、前述した一九三七年八月に開催された内務省とレコード各社との懇談会で導き出された「卑猥低調萎微退嬰的な流行歌の排斥、明朗闊達にして質実剛健な流行歌曲の創作」という議論に見ることができる。これらの議論は、日中全面戦争化に伴う世論啓発と動員体制の強化を意識したものであるが、同時に同年十月から全国で展開された国民精神総動員運動にも呼応する形で、音楽を国民教化動員に活用していくことが意識されていたともいえよう。

他にも、音楽評論家の鹽入亀輔《しおいりかめすけ》の議論は「軍歌と言ってもそれは軍人が歌うわけではない。それは広い意味において国民歌でもなければならない。ことに今日の様に、国民精神が一致団結しなければならない時に於て軍歌の効用は戦線にある皇軍将士の士気を鼓舞すると言う事よりも、銃後にある国民精神団結のためにより以上に用いられなければならない」(『東京朝日新聞』一九三七年九月

図4　「愛国行進曲」楽譜書影
(内閣情報部発行)

三十日）といった具合に、当時の状況を明確に伝えている。この目的に合致した楽曲として発表され普及したのが《愛国行進曲》であったのであり、以降「流行歌が漸く事変下の軌道に乗り、盛んにレコード会社から生産され出した一方、新聞社又は政府関係の機関からも、なお相次いで時局に応ずる軍歌や愛国歌が生産された」という状況を呈することとなった。

実際、《愛国行進曲》に対する期待は、その募集段階から表明されていて、山田耕筰は「国民が永遠に愛唱し得べき国民歌を作ろうという考えを政府が持つに至ったこと自体が一大進歩」（『東京日日新聞』一九三七年十一月十六日）と評価していたし、上田友亀は学校教育の観点から「学校唱歌の生活化を叫び国民の生活と緊切に結びついた国民歌の必要」（「軍歌と国民行進曲」『音楽世界』一九三七年十一月）を主張していた。山田にしても上田にしても厳密に「国民歌」を定義しているわけではないが、政府が公募する楽曲に求める役割を「国民歌」と表現していることは留意すべきであろう。

「国民文化」との関連

その後、議論が再燃するのは、日中戦争の膠着《こうちゃく》状態の中で、大々的な国民運動であった紀元二千六百年奉祝や、新体制運動が唱導された一九四〇年のことであった。この時期には、新体制運動に呼応する形で、いわゆる

「国民文化」確立といった議論が声高に主張されていて、音楽においてもその後アジア・太平洋戦争期に至るまで「国民音楽」がさまざまな局面で話題となっていたが、そのひとつの切り口として、「国民歌」が取り上げられていたのであった。

たとえば、詩人の佐藤惣之助は国民歌とは「単なる理論的指導なぞから生れてくるものでなく、より血と精神の陣痛を経てきた手によって物される」ものであり「大きいそして出来るだけ必然の永続性と歴史性を要求する」のであり「新しい日本の国民歌は、それがほんとうに民族的な血と熱情をもって成されるものであって、これは音楽精神と詩的精神との一致した活動を俟《ま》つ」(「国民歌の創作」『音楽倶楽部』一九四〇年十一月)ことにより創作されると述べる。

また作曲家の長谷川良夫は、国民歌を「日本国民が広く日常生活の中で歌う為の歌」で「臣道実践の精神に基づき盛り上りつつある日本民族の健全な生活を反映した大衆の歌」(「国民歌の効用と方向」前掲『音楽倶楽部』)と定義する。

一方、作曲家であり当時は大日本産業報国会にも関わっていた清水脩《おさむ》は「一・国民的感情ないしは国家意識の昂揚のためのもの、二・勤労精神の昂揚のためのもの、三・国民の音楽的美意識を育成するためのもの」(「国民歌私見」前掲『音楽倶楽部』)の三点を指摘していた。彼らの考えの基底には、音楽が全ての国民に日常化することを理想とする「国民音楽」の確立という思考が垣間見られる。

「国民音楽」そして「健全娯楽」

続いて「国民歌」を正面から取り上げたのが前述した吉本明光であった。吉本は《愛国行進曲》《愛馬進軍歌》《そうだその意気》といった楽曲を例示しながら、「国民歌」の生れた背景と普及の意味を「国民歌とは公的流行歌なり。とは言えその普及は推進者の熱と力、そして時代の圧力なしには考えられない」（「国民歌を環って」『音楽之友』一九四一年十二月）と結論付けていた。いかに音楽が社会状況と密接に関わり、また関わらされていたのかといったことをうかがい知ることができる。この考え方は、「厳粛な気分を表現するために作った音楽、士気を鼓舞する音楽、或は勤労の後で慰安になる音楽、そういういろいろな目的によって作った音楽があるべきだと思う。そうではなしにひとつのもので何でも間に合わせようとするから現在のような欠陥が出てきているのじゃないかと思う。たとえば『みたみわれ』を勤労の後の慰安用の音楽として再三使っているのだが、これはとんでもない誤用だと思う。それから『みたみわれ』を使って行進できないしね」（「健全娯楽の推進」『音楽之友』一九四三年十月）という論説にも共通するものであった。

同じ時期に健全娯楽と音楽の観点から国民歌に言及していたのが、当時情報局第五部の情報官で、戦後は音楽評論で活躍した宮澤縦一《みやざわじゅういち》であった。国民歌の問題について「まず音楽でなければ、国民歌、流行歌なんてものでも実質的に国民は別に引きつけられないと思うんです。だから国民歌を沢山つくるのは結構だけれど、お説教式の文句よりも何よりも音楽的であってもらいたい。良い作詞によくマッチした楽曲があって立派な音楽であることが第一でそれが主眼であると思うのです」（「音楽と国民娯楽の問題　座談会」『音楽評論』一九四一年七月）という宮澤の議論は、「国民歌」の限界を冷静に分析した見方といえる。

この時期は、日中戦争の膠着化の中で、新体制運動の展開による音楽界の再編一元化といった組織体制の変革が進む一方、国民文化の一翼としての国民音楽のあり方であるとか翼賛文化運動のひとつの発露として、職場や工場など勤労者層の音楽の実践といった音楽をめぐる新たな取り組みが見られた。それは日中戦争の長期化という社会状況を反映したものであったことは事実であるが、一方で音楽の受容・普及という観点からは、裾野の拡大という側面があったことも事実であった。そこで求められた音楽のひとつが「国民歌」であったのであり、「国民歌」の量産が本格化していくのがこの時期であった。

日米開戦を契機とするアジア・太平洋戦争期になると、反米英思想の証しとして日本主義が台頭してくるが、実際の動きは一九四三年四月の山本《やまもと》五十六《いそろく》戦死やアッツ守備隊玉砕《ぎょくさい》以降のことであり、真珠湾攻撃と同時に具体的な動きが一挙に押し寄せたわけではない。

アジア・太平洋戦争期の「国民歌」をめぐる言説空間

それでも音楽面では一九四三年一月に発表された「米英音楽作品蓄音機レコード一覧」による米英楽曲排撃の一方で、邦人音楽家や作品への極端な傾倒が見られるが、この時期を通して「健全音楽」としての「国民歌」といった脈絡でその「正当性」がことあるごとに唱えられた。「国民歌」をめぐる議論は、多くの場合このような趣旨で展開されていたが、所々で本来目指すべき音楽の理想の姿を求めようとする主張も見られた。

前に触れた佐藤惣之助は、この時期にも詩人としての立場から積極的に発言していたが、そこでの議論は、タテマエとしての大東亜戦下の国民歌という論旨の中に、彼なりの独自のホンネが散見されるものであった。特に、後述する「ニュース歌謡」を念頭に置いて国民歌の限界を指摘したくだりは、自身がニュース歌謡の作詞者でありながらその矛盾を突いた興味深いものであった。

「もとより国民歌というものは作者の一人よがりであったり浅い個人経験や感慨のみで

あってはならない。ほんとうに国民社会の中に没入しそこからうかび上がってくるものでなければならないが、多くの場合、仕事として要求される時には誰しも国民の声を代表したような顔をして臆面もなく上っ調子なものを書くのである。特にニュース的なものはそうなり易い傾向があり、いつの場合でも戦いと同じように先鋒的なジャーナリズムがあり、後には兵站部のような地足《じあし》で進み構える組があるものである」(「長期戦下の国民歌」『音楽之友』一九四二年二月)といった議論は、佐藤のまた違った一面を現している。日本放送協会で「国民合唱」などの企画に関わっていた吉田信は、一貫して国民大衆とともにある音楽を志向していた。その思想は彼の「国民歌」をめぐる議論に反映されていた。

まず前提として「国民歌」と「流行歌」は本質的に区別すべきとする、その上で「国民歌」とは「国家的のある目標に向かって国民の士気を昂揚さす目的で作られたものだから、大衆や個人的の嗜好なぞ問題でなく、太い線が大衆の中を貫いて、その歌が大衆をリードしていく。一世を風靡した国民歌と全国的に愛唱された流行歌とでは、広く大衆に唱われたという点では一致するが内容的には全然違うものだと思う。僕は国民歌の場合は『公的流行歌』というよりはむしろ『公的大衆歌』といった表現をして欲しい」(「国民歌と大衆歌曲」『音楽之友』一九四二年三月）と述べていた。

さらに吉田は「大衆に愛唱されている国民歌、愛国歌の場合にも大衆音楽の作曲家の手になるものとか、もっとレベルの低い投書家級の作曲家の手になるものが受けて、純芸術畑の作曲家のはそうではない」あるいは「あまりにお題目にといったような流れすぎたような如何にも国民におしつけがましい歌というものには予期したような効果を挙げないのじゃないかと思うのです。やはり歌には歌本来の使命があるわけで、何でもかんでも国策を謳いこんだものなら国民に趣旨が徹底するだろうという考えはある点是正しなければならない」（前掲「健全娯楽の推進」）と自論を展開し、「歌」の持つ特性をするどく見ぬき指摘していた。

ここでの吉田の議論は前述した吉本の考え方ともある一面で通じるものであった。吉本明光は、時としてファナティックに解釈され得る過激な議論を展開する場合もあるが、こと「国民歌」などの大衆と音楽という観点からの論考には、国民大衆に親しまれ受け入れられる音楽のあり方を重視していて、彼独特の音楽観が示されているといえよう。吉田も同様であり、理想と現実の狭間で苦悩しながら音楽放送に関わっていくスタンスが顕著にうかがえる。

「国民歌」の力

「近代日本の歩みと『音楽』」の章でも言及したように、「国民歌」への期待は、アジア・太平洋戦争期に国民音楽確立と軌を一にするように唱導され、実践された厚生音楽であるとか国民皆唱運動といった国民運動においても、歌＝歌謡の持つ影響力という観点から「国民歌」こそがそこで推奨される唯一の音楽とされた。そこで展開された議論は次のような論調であった。

久保田公平は「民謡、演歌並びに軍歌、流行歌、国民歌と進んできた大衆の歌は、お題目的な国民歌から、もっと日常的な我々の生活の中に共にある真実の国民歌として再生せねばならぬ」と述べ「日常生活の感動の中に根を下ろさねばならない」（「国民皆唱運動に関連して」『音楽公論』一九四三年三月）と音楽本来の意味を強調している。一方、津川主《つがわしゅ》一《いち》は国民皆唱運動での国民歌の役割について「『愛国行進曲』や『海ゆかば』等の国民歌を階級や年齢の区別なく、こぞって斉唱するように仕向けた事は、絶大な収穫と言わなければならない」（「国民的合唱運動の展開」『音楽文化』一九四四年三月）と総括していた。

この時期においても流行歌＝大衆歌謡の問題は、反米英思想の発露たるジャズ排撃とセットとなって議論されていた。大衆歌謡やジャズを徹底して否定していた清水脩は「国民歌」の意義を次のように強調していた。「今こそ国民歌作者や国民歌歌手が目覚めなければばならない時である……健全明朗な音楽や、積極面を鼓吹した音楽の必要なことは言うまでもない。しかし人々は音楽から訓辞を期待していない。歌謡曲と国民歌が対立している間は、人はいわゆる国民歌を訓辞風に受けとっている。歌謡曲とジャズの撲滅はこの意味からも根本的に考え直さなければならない」（「厚生部面に於ける音楽」『国民の音楽』一九四三年一月）という清水の議論は、前に引用した清水の論考からもうかがえるように大衆音楽への敵視の一方で「国民歌」の限界も指摘していた。もっとも大衆歌謡への批判や敵視の議論は何も清水に限ったことではなく、堀内敬三や野村光一など多くの論者に共通する視点であった。

そこから導き出されてくるのが、他ならぬ健全な音楽たる「国民歌」であった。武川寛《たけかわひろ》海《み》の「流行歌は茲《ここ》にその個人主義的な総《あら》ゆる面を取り去って新しく国民歌として再出発をした……彼等がレコードによって知っていた歌の多くは歌うには余りに難しく、そして余りに個人的な事柄を歌ったものばかりである。そこで国民歌の必要が感ぜられて来たのである。それは誰にも歌えて、又歌って面白いもの、健全で真面目であるもの、個人的な事柄でなしに国民的な内容を歌ったものである事を要した。……国民歌は全体主義の上に立っている事である」という議論もこの方向性に沿ったものであった。

このような議論は厚生運動の脈絡でも見られた。たとえば警視庁の中野完は、厚生運動での指導歌として「産業人が何時如何《いついか》なる場所にても全員が唱和し得る歌、即ち日本的にして日本精神産業報国精神の涵養に役立つ国民歌」（「大東亜戦争下の厚生産業音楽に就て」『国民の音楽』一九四二年四月）であるべきと主張している。

厚生運動の視点

また清水脩は厚生運動の観点からも「国民歌」に言及していた。

勤労歌は決して勤労や勤労生活の説明でもなければ又正しい勤労や正しい生活を教える訓辞でもない。それは国民大衆をして自らのびあがらずには居れぬ力を与える態のものでなければならない。従って其処《そこ》には生活の詠歎の巧まざる表現がなければならないのである。民謡はその最も立派な実例である。この事は、厚生音楽の素材たる勤労歌や国民歌や、或《あるい》は其他の音楽作品を制作する場合にのみ適用されるのでなく、厚生音楽普及指導の面に於いても同様なのである。

（「厚生音楽の現段階」『音楽文化』一九四四年六月）

「国民歌」という呼称こそ用いていないが、実際に挺身活動の最前線で「国民歌」による歌唱指導を行ったり関わったりしていた音楽家達も、楽曲に対する思いを論じていた。

声楽家の内田栄一は、そこでの楽曲の扱いについて解説している。彼は「此頃《このごろ》新しい歌曲が次から次へと作られているが、これらの歌が全部歌唱指導に適当であるかと言うに或るものは適当であるが或るものは適当でないものもある。歌唱指導を受ける人々によって、ある人々に適当であってもある人々には余り適当でないものもある。その歌の歌詞の内容により、曲によって適、不適を決めなければならない。歌詞によって、一般向きのもの、あるいは特に職業向きのものが、学生向きのもの、少国民向けのもの、女性向けのもの等がある。また国民の決意を表したもの、戦意昂揚を図ったもの、増産の必要を歌うもの、その他空とか海とか、或る目的物に関心を持たせるためのもの等がある。歌唱指導する者はこの点に注意すべきである」（「歌唱始動の方途」『音楽文化』一九四四年三月）と、「国民歌」活用に際してもその楽曲の意味を明確にすべきと主張していた。

一九四四年三月に発表された「決戦楽曲」についてその意義を整理した音楽評論家の山根銀二は次のようにいう。

音楽が他のあらゆる芸能に比し、国民の感情に直接訴えかけこれを慰撫激励する力の強いことを考える時、これが素材たる楽曲の内容と、その取扱いに充分慎重を期さなければならないのである。まず内容の点からみると、国民の士気を鼓舞し、不屈の闘志を養うべく、健全明朗、勇壮、活発、静謐《せいひつ》、軽快等の言葉で現せるようなものが必要である……我々は忠誠心の溢れた愛国歌曲を生み出さねば居れぬ止みがたい熱情を堅持している……かくして生れた愛国歌曲も最も効果ある方法によって国民に与えるのでなければ所期の目的を達成し得ないであろう。

（「『決戦楽曲』制作の意義」『音楽文化』一九四四年五月）

図５　厚生産業音楽巡回指導
（『作業と音楽』より）

声楽家の奥田良三は「朝の出勤時にかけられる一枚のレコードが、昼休みに歌われる一曲の愛国歌がどれ丈の力を与えるか、これは実際に当った者でなければ分からない筈である。特に電気化学の発達した今日、たった一枚のレコードが何千何万の勤労者の耳を楽しませ、力をつけ、疲労を回復させるのである。レコードと言わず一人の歌手一人の奏者が演奏することにより一瞬にしてその効果を挙げることが出来る。この様な簡単な方法で与え得る慰楽を私は他に知らない」と述べ、また挺身活動においても取り上げる楽曲の考え方として、「平常時演奏の場合でも、戦意昂揚、戦力増強へ資することが第一条件である。相手を決戦調へ誘導する事を先ず任務とすべきである。慰安も必要だ。併《しか》し、自己陶酔的な、詠嘆的な演奏に終始したり鑑賞を主とした演奏によって聴衆に何ら燃え上がる意欲を持たせないようなことは厳に戒めなければならない」（「厚生音楽指導者養成所の設置」『音楽之友』一九四三年八月）という見解も示していた。

今こそ「国民歌」を

彼らは「国民歌」という呼び方こそしていないが、そこで言及されている楽曲とはまさに本書で考察している「国民歌」以外の何ものでもない。少人数のグループで地方を巡回しながら演奏や指導を行う移動文化運動であるとか挺身活動は、多くの場合その目的に即した楽曲の演奏や歌唱指導により行われていた。そのためには挺身活動の目的に即した題材が求められ実践されたのであり、その目的に適う音楽はまさに「国民歌」以外の何ものでもなかったのである。

ここで留意すべきは、なぜ彼らが「国民歌」という語彙を使っていないのかということである。同じことは当時の音楽論壇の常連であった堀内敬三や野村光一といった気鋭の音楽評論家たちにもいえることであった。乱暴な言い方をすれば、メディア関係者や国家機関である統制主体、あるいは楽曲創作に関わる音楽家達には「国民歌」というひとつの整理が共通認識として捉えられていたのに対し、演奏家や音楽評論家達は、それぞれが独自の呼称と整理で「国民歌」に括られる楽曲を捉えていたという傾向がうかがわれる。

これらの議論から浮かびあがる「国民歌」像は、しかしながら一様ではなかった。多くの場合、「国民歌」に対し、従来から国民大衆に受け入れられていた大衆歌謡に相反する位置付けで、大衆歌謡にない健全明朗、質実剛健、意識昂揚といった役割を求め、それが社会状況に即した当然の帰結である、という論調に終始することとなった。しかしその一方で、このような「国民歌」の限界や矛盾を指摘する吉田のような視点も見られたのであり、より多角的、多面的に「国民歌」を捉えなおす必要があると思われる。

日中戦争期の「国民歌」

見よ、東海の空明けて

盧溝橋事件と「歌」――《進軍の歌》から《愛国行進曲》

ここでは、主に日中戦争期に発表された「国民歌」の制作、発表から普及の過程を振りかえってみたい。特にこの時期の「国民歌」の多くは、メディアが国家機関、陸・海軍、国民運動や国策遂行のための団体などと協調する（させられる）ことにより量産されていたことが見て取れる。従って本章では時間の経過に即し、「国民歌」の制作主体を軸に、楽曲制定の経緯や普及方法などを当時の資料から解きほぐし「国民歌」を考えたい。

なお本論に入る前に、本章および次の「アジア・太平洋戦争期の『国民歌』」の章で取り上げる事例の考え方について付け加えておきたい。

そもそも「国民歌」は「公的」な「流行歌」なのであって、そこにはある程度国家の意思や国家目的に見合ったメッセージが込められている音楽である。それがレコードとして「売れる」あるいは放送して「聴いてもらえる」題材であれば、レコード会社や放送局が自ら企画し販売することが可能であるが、「国民歌」の全てがこのような商品として制作されたものばかりではなかった。

むしろ特定の目的のために国家機関やメディア等が、作詞や作曲を一般公募あるいは対象を限定したコンクール形式で選定、もしくは委嘱した作品によって楽曲として「制定」し発表したものが大半であった。「国民歌」は、楽曲の制定、そして発表から普及に至るまで、あの手この手の方策によって人工的に意図的に国民大衆に浸透させるための工夫がなされていたのであった。そのために活用された主たる手段が、本章や次章で取り上げる懸賞募集であったのである。量産するための方策は、そのまま「国民歌」の性格や特徴となってあらわれていたといえよう。本書ではこれら「国民歌」の制作を「制定」と捉えて分析していきたい。

満洲事変

この時期の音楽は、ダンスホールの流行によるジャズやタンゴの流行、大衆歌謡の流行など音楽の大衆化のいとなみが見られる一方で、時局を反映した楽曲など社会状況の影響が少しずつ見え隠れしていた。

第一は中国大陸進出を歌った作品である。その典型が一九三二年二月に発表された《満洲行進曲》である。これは満洲に特派された大阪朝日新聞社計画部長・大江素天作詞、堀内敬三作曲で一九三二年一月に発表された楽曲で、満洲事変の正当性と「満洲の中国からの分離独立を容認する方向へと（朝日新聞社の）社論を転換した」（『新聞と戦争』朝日新聞出版、二〇〇八年）意思表示ともいえるものであった。このような中国大陸進出を意識した楽曲としては、一九三二年十二月発売の、八木沼丈夫作詞・藤原義江《ふじわらよしえ》作曲の《討匪行《とうひこう》》《亜細亜《アジア》行進曲》などがある。

第二は、肉弾三勇士をテーマとした作品である。肉弾三勇士は上海事変の際に、廟行《びょうこう》鎮《ちん》の敵陣に突入した久留米工兵隊の三人組のことである。この事件を新聞社が美談として報じ、それにあわせて各紙が作詞公募を行って制定した楽曲群であった。東京日日新聞社・大阪毎日新聞社は、与謝野寛作詞・陸軍戸山学校作曲《爆弾三勇士》を、また東京朝日新聞社・大阪朝日新聞社は、中野力作詞・山田耕筰《やまだこうさく》作曲《肉弾三勇士》をそれぞれ一九三二年三月に発表している。またメディア以外にも、長田幹彦作詞・中山晋平《なかやましんぺい》作曲《肉弾三勇士》、三上於菟吉《みかみおときち》作詞・青葉宵二作曲《噫《ああ》肉弾三勇士》のレコード発売がなされ、敵《てき》愾心《がいしん》の昂揚を意図した国民運動が展開されていた。

しかしながら、これら特定の国家政策や時局に連動した楽曲の制定は、まだ一部の限られた動きであった。常に国民運動や国策イベント、戦局の動向を反映した音楽の活用が見られるようになるのは、日中戦争が始まって以降のことであった。

盧溝橋事件

盧溝橋事件が起きた一九三七年には、十五年戦争期を代表する《露営の歌》《愛国行進曲》《海ゆかば》という三つの楽曲が相次いで発表された。これらは、まさに「国民歌」の嚆矢とでも位置付けられる性格の楽曲であった。特に《海ゆかば》と《愛国行進曲》は、内閣情報委員会から改組拡充された内閣情報部の関わりであるとか、内務省や文部省により一九三七年九月から実施された国民精神総動員運動に連動して制定もしくは募集された楽曲であり、国家政策に直結して音楽を活用した事例として特筆すべきものであった。しかも発表時のみならず、次章で言及するようにその後アジア・太平洋戦争期でも継続して活用され続けていったこともこの楽曲の特異性を物語っているといえよう。

露営の歌

盧溝橋事件に真っ先に反応したのが東京日日新聞社・大阪毎日新聞社であった。東京日日新聞社・大阪毎日新聞社は、「わが皇軍の歩武堂々たる進軍を讃え、前線といわず、銃後といわず軍民ともに唱和すべき〝皇軍の歌〟を広く江湖に

図6　古関裕而

募集する」（一九三七年七月三十一日付『東京日日新聞』）という目的で大陸進出賛美の「進軍の歌」歌詞公募を主催し、《進軍の歌》と《露営の歌》を制定した。この歌詞公募には二万二七四一編の応募があり、八月十二日に当選作品が発表された。このうち公募一席の歌詞には陸軍軍楽隊の作曲により《進軍の歌》として、また第二席の「勝ってくるぞと勇ましく　誓って国を出たからは……」で始まる藪内喜一郎の歌詞は、コロムビア専属の古関裕而《こせきゆうじ》に作曲が委嘱され二拍子ハ短調の《露営の歌》として《進軍の歌》のB面に録音され、一九三七年八月にコロムビアからレコード発売された。古関裕而（一九〇九〜八九）は福島県出身、一九三〇年にコロムビア専属となり、戦前から戦後にわたり数々のヒット作品を量産したほか、クラシック系統の歌曲の領域でも才能を発揮した日本の「うた」の歩みを考える上で重要な作曲家である。

海ゆかば

《海ゆかば》は、日本放送協会が国民精神総動員運動強調週間の放送のテーマ音楽として制定した楽曲であった。これは『万葉集』の大伴家持《おおとものやかもち》言《こと》立《だて》の長歌の一節「海行かば　水浸《みづ》く屍《かばね》　山行かば　草むす屍　大君の　へにこそ死なめ」について、信時潔《のぶとききよし》に作曲を委嘱したもので「聴衆の気分を整えるために何か曲が欲しい。国歌では重々し過ぎるというので頼まれて作曲した」（高橋均「信時潔伝抄二」『音楽の友』一九七六年二月）楽曲であった。一九三七年十月に大阪放送局からラジオ放送され、その後「国民唱歌」として、さらに同年十一月には「国民歌謡」でも取り上げられた（アジア・太平洋戦争期については次章参照）。信時潔（一八八七〜一九六五）は、バッハに代表される西洋音楽の古典を『万葉集』や『古事記』、さらに中国の古典に融合させることを生涯の課題として、特に歌曲の領域で活躍するだけでなく、東京音楽学校（現、東京芸術大学音楽学部）でも教鞭をとり、作曲家・教育者として大きな足跡を残した作曲家である。山田耕筰と共に、日本の作曲界の創生期を担った人物として評価すべきであろう。

図7　信時　潔
（信時裕子氏提供）

愛国行進曲

そして《愛国行進曲》である。《愛国行進曲》は当初から作詞と作曲の公募を掲げて募集が開始されたが、この曲も「内閣情報部に於ては今回行われる国民精神総動員運動を機として国民が永遠に愛唱し得うべき国民歌を作ることとなり」と記されているように、国民精神総動員運動を契機とした国家による楽曲制定であった。

まず十月二十日締切で「(イ)美しき明るく勇ましき行進曲風のもの(ロ)内容は日本の真の姿を讃《たた》え帝国永遠の生命と理想とを象徴し国民精神作興に資するに足るもの(ニ)平戦両時を通じ国民が老幼男女を問わず常に和唱し得るもの」という歌詞募集規定を発表した。歌詞審査員は、内閣情報部、乗杉嘉壽(東京音楽学校校長)、片岡直道(東京中央放送局長)、穂積重遠《しげとお》(東京帝国大学教授、法学者)のほか歌人や詩人である河井酔茗《かわいすいめい》、佐々《ささ》木信綱《きのぶつな》、北原白秋《きたはらはくしゅう》、島崎藤村《しまざきとうそん》に委嘱されていた。この楽曲制定を推進していた京極鋭五(高鋭《たかとし》)は「『愛国行進曲』は、場所、時、其の他何時でも凡《あら》ゆる場合時を問わず愉快に歌えて、我々が歌いたいと云う欲望を満足させてくれるものでありたい」(「愛国行進曲の作曲応募の方々に」『音楽世界』一九三七年十一月)と述べ、国民大衆に広く受け入れられる楽曲制定という狙いを述べている。

作詞公募には五万七五七九編が寄せられ、十一月三日に「見よ東海の　空明けて　旭日高く輝けば……」で始まる一等の森川幸雄以下、三等までの入選作品が発表された。同時に「我国民が汎《ひろ》く老幼男女を問わず和唱することを得、且《かつ》行進に適する曲調にして美しく力強き作品であること」という作曲募集規定が十一月三十日締切で発表された。作曲審査員は、内閣情報部、岡田國一（陸軍軍楽隊長）、内藤清五（海軍軍楽隊長）のほか、作曲家や評論家として橋本國彦、堀内敬三、信時潔、山田耕筰、小松耕輔、近衛秀麿《このえひでまろ》に委嘱された。締切までに九九五五編の応募があり、十二月十九日に瀬戸口藤吉《せとぐちとうきち》の一等入選が発表された。同月二十四日に内閣情報部内発表会が首相官邸で、また二十六日に日比谷公会堂で発表演奏会が大々的に開催された。瀬戸口藤吉（一八六八〜一九四一）は海軍軍楽隊出身、《軍艦行進曲》の作曲者でもある。

一九三八年一月にはレコード各社がいっせいに《愛国行進曲》を新譜として発売した。その数二〇種類以上で発売枚数は一〇〇万枚ともいわれた。レコード発売においても「挙国一致」体制であったといえる。また演奏面でも、アジア・太平洋戦争期に至るまで、さまざまな演奏会や音楽挺身活動においても活用された。

《愛国行進曲》の評価

もっとも選定に対する批判もなかったわけではない。作曲審査委員であった近衛秀麿でさえ「ああいふ選者の顔触れでああいふ募集方法で絶対にといつてもいい位、詩と曲が本当に融合した国民が永遠に歌ひ得る『国民行進曲』などは出来るわけがない」(『東京朝日新聞』一九三七年十月二十二日)と作詞募集を先行する方法を否定していた。また作詞については一様に厳しい声が寄せられていた。たとえば百田宗治《ももたそうじ》の「今度こそプロソディの埒を一個所喰い破った、稚拙ではあっても肉体的に迫ってくるような真の意味の国民歌が『美しく、明るく、勇ましく』生れて来るように予感したがそれもむなしく崩れ去った感じだ」であるとか、大宅壮一《おおやそういち》の「余りに超時代的で現在我々が到達している段階が具体的に反映していない」、吉本明光の「ただ字面だけで国民精神作興になるようなのを選んだのか」、あるいは吉田信の「時代のいぶきというものは全く無い、古色蒼然たるものだ」「あの歌から音楽的感興は沸き得ない」などの言説に見られるように、その募集目的と実際に選ばれた作品の内容との乖離《かいり》に批判が集中していた。

そこには審査の顔触れや文学関係者への批判も内在したことは注視すべきであろう。なぜなら音楽界では、作曲家団体である大日本作曲家協会が会員への応募を促進するなど、楽壇あげての取り組みを行っていたこととの比較が問題にもなっていたからである。その一方で瀬戸口の作曲には手放しの賛辞が寄せられていた。審査員でもあった橋本國彦は「断然あれに追随するものはなかった」と述べているし、堀内敬三も「当選曲としては全く抜群だった」と評価しており、まさに青砥《あおと》道雄がいうように「音楽の力によって成功した」ものと総括されよう（以上の引用は「愛国行進曲座談会」『月刊楽譜』一九三八年二月）。そこには六節の原詩を、二節ずつ一節に改編し、全三節構成とした工夫や、行進曲のトリオのフォームを彷彿させる構成などが受けいれられた結果といえよう。

その後の「国民歌」

《露営の歌》や《愛国行進曲》のように歌詞や作曲を公募により発表する形態は、以降アジア・太平洋戦争期に至るまで、「国民歌」制定の常套手段として頻繁に行われることになる。何よりその制定の目的が「国家目的に即応し国民教化動員や国策宣伝」のためのものを広く国民大衆に呼びかけ、その目的に合致した楽曲を制定し普及させていくという一連の流れが即ち国民運動としての役割をも担う結果となった。

その典型が、国家機関やメディアによる作詞や作曲の公募の実施である。内閣情報部（一九四〇年に情報局に改組拡充）などの国家機関、陸・海軍による公募のほか、新聞社や出版社が独自に、もしくは国家機関や陸・海軍と連携しながら楽曲制定による国民意識の喚起や国策宣伝、国民教化動員といった役割を担っていたのであった。特に新聞社による公募で制定される楽曲は、以降社会状況に連動した個別のテーマを掲げて本格的に実施されていく。以下時間の流れに沿ってその主な作品を見ていきたい。

日中全面戦争と「歌」

日中戦争の長期化は、国内の統制強化や対外情勢の激変といった形で顕在化したが、その影響は、音楽においても顕著であり、世論喚起や教化動員、国民運動の手段として「国民歌」が活用されていくのであった。

メディアによる「国民歌」量産

公募による「国民歌」制定と普及に積極的に取り組んでいたのが、新聞社であった。新聞を募集媒体とし、国家機関の後援や協賛を得て「国民歌」を量産するスタイルが定着していく。以下、いくつかの実例を見ておこう。

図8　「皇軍大捷の歌」楽譜書影

皇軍大捷の歌

　朝日新聞社は、一九三七年十一月に「皇軍大捷《たいしょう》の歌」歌詞懸賞募集を発表した。募集の目的は「皇軍将士の世界に比なき忠勇義烈の武勲を讃仰し画期的大勝利を祝捷し、さらに大いに士気を鼓舞し、銃後の決心をますます強固にならしめるため」であり、その規定には「北支事変勃発時より南京《ナンキン》攻略に至るまでの主なる戦歴を歌詞中に適宜入れるなど、なるべく今次事変の歌たる特性あること」が明記されていた（『朝日新聞』一九三七年十一月二十七日）。

　この募集は、日本軍の南京攻略までの武力行使の正当化と国民の士気高揚を目的としたものであった。盧溝橋《ろこうきょう》事件後の陸軍は、停戦協定が成立していたにもかかわらず、華北分離政策を実現させるべく内地や関東軍、朝鮮派遣軍から増援を行い、北京《ペキン》、天津《テンチン》、上《シャン》海《ハイ》を占領、同時に海軍による南京空襲が開始され戦火が一気に拡大した。参謀本部の正式な南京攻略の下命は十二月一日であったが、この楽曲募集は、すでにそれ以前から国内世論が南京攻略を当然の成り行きとして認識されていたことを示すものといえよう。

結局南京占領は、日本軍の残虐行為のもとに同月十三日に完了するが、それを見越したかのように、同月十九日「皇軍大捷の歌」の当選作品として三万五九九一編の中から「国を発《た》つ日の万歳を　痺《しび》れるほどの感激を……」と歌いだす福田米三郎の作品入選と五つの佳作作品が発表された。作曲は堀内敬三に委嘱され、同月二十三日に行進曲風の二拍子へ長調の《皇軍大捷の歌》としてピアノ伴奏譜とともに紙上発表された。ちなみに佳作第一席の大岡博「かちどきの歌」は佐々木俊一の作曲により、二拍子ハ短調という《皇軍大捷の歌》とはまた異なった曲調の《かちどきの歌》として発表され、両作品とも一九三八年一月にビクターからレコード発売された。これらの作品は、翌二十四日に日比谷公会堂にて開催された朝日新聞記者による「北支南京戦線特派員報告会」を兼ねた「『皇軍大捷の歌』発表会」で正式に発表演奏され、同月二十七日には大阪中央放送局から全国にラジオ放送された。

普及のための工夫

《皇軍大捷の歌》は、レコード発売とラジオ放送のみならず、さまざまな芸能領域での活用という新たな普及のための施策が実施されていた。松竹歌劇団や宝塚少女歌劇団といった少女歌劇のほか、古川《ふるかわ》ロッパ公演「海軍のロッパ」、日劇ステージショウ「踊る日劇」、浅草花月劇場「吉本ショウ」といったレビューや歌謡ショーの劇中などでこの楽曲が演奏されていた（『朝日新聞』一九三八年一月七日）。たとえば松竹歌劇団は、一九三八年一月の国際劇場での公演を、コメディー「天国太平記」とグランド・レビュー「春の踊り・松竹娘祭」の二本立てで開催していた。この「春の踊り・松竹娘祭り」のフィナーレで、当時圧倒的な人気を誇っていた松竹歌劇団を代表するスターの「ターキー」こと水の江滝子が軍服姿で《皇軍大捷の歌》を独唱した。一方、宝塚少女歌劇団月組は、一九三八年一月の東京宝塚劇場公演を現代劇「たのもしき銃後」、舞踊「鏡獅子」、グランド・レビュー「たからじえんぬ」の三本立てで開催したが、この公演の冒頭で小夜福子以下の月組全生徒が黒紋付に碧の袴姿の礼装で整列して《皇軍大捷の歌》合唱した。また古川ロッパ一座の公演では「海軍のロッパ」の劇中「号外」という場面で女学生姿の女優達が合唱して万歳を叫ぶといった形で使われていた。

この他、募集主体の朝日新聞社は、北支慰問の映画・演芸班を派遣するが、その壮行と皇軍慰問金のため「北支・上海・南京方面皇軍慰問演芸の夕」を日比谷公会堂にて一月十三日に開催したが、そこでも《皇軍大捷の歌》《かちどきの歌》がレコード吹込みを行った徳山璉《とくやまたまき》により演奏された。さらに一月十九日から二十四日にかけて、青森・秋田・盛岡・新潟・前橋・浦和・千葉といった県庁所在都市で、徳山璉、四家文子《よつやふみこ》、久富吉晴《ひさとみよしはる》、滝田菊江といった四名の声楽家による演奏・歌唱指導も実施され、より大衆の身近で普及活動が展開されていた。

このように、募集主体やさまざまな興行団体が独自のスタイルで公募した「国民歌」を組み入れ演奏していたことは、「歌」を音として聞かせる（再生する）のみならず、「歌」に関わる芸能領域を動員し、取り上げることによりその普及を図るねらいがあり、これ以降頻繁に行われるのであった。

日の丸行進曲

一九三八年に入って最初に発表されたのが、東京日日新聞社による「日の丸行進曲」歌詞募集であった。二月十一日に「国旗『日の丸』は、わが日本及び日本国民の輝かしき象徴である。これに対するわれ等の愛敬尊崇の念は今日の時局下に一層高められ『日の丸』の威容を仰ぎ見る時、全国民の胸は躍る、ここに本社は『日の丸』讃仰の愛国的熱情迸《ほとばし》る『日の丸行進曲』ともいうべき国民歌を広く一般から募集することになった」という募集公告が掲載され、審査員に作家の菊池寛《きくちかん》、久米正雄《くめまさお》、佐藤春夫《とうはるお》、審査顧問に大谷竹次郎（松竹社長）、片岡直道、吉岡重三郎（東宝相談役）、田中重之、乗杉《のりすぎ》嘉壽《かじゅ》、松浪仁一郎、松島慶三、坂千秋、二荒芳徳、香坂昌子康、児玉政介、作間喬官の各氏への委嘱が発表された。二月二十八日の締切までに二万三八〇五編の応募があり、「慎重厳選を期し幾重かの予選を行った後」三月八日に最終選考を行い、十日に入選として「母の背中に小さい手で　振ったあの日の日の丸を……」と歌う有本憲次の作品のほか、佳作第一席に中村又一郎、佳作第二席に福井孝の作品を発表した。作曲は一般公募ではなく、東京日日新聞社がビクター専属の作曲家十氏を指名して楽曲創作を依頼した。ビクターは、専属作曲家とビクター管弦楽団員等を対象とした社内公募を実施し、寄せられた二十数曲を中山晋平《なかやましんぺい》、橋本國彦、辻順次を中心とする専門委員会で厳選の上、五曲を候補とし、審査員や審査顧問、新聞社による試聴会を開催して飯田信夫と細川武夫の二氏の作品に絞り込み、二十六日の専門委員会により審査が行われ、四月一日にビクター管弦楽団トロンボーン奏者である細川武夫の、軽快な二拍子ハ長調で「日の丸」の歌詞を歌い上げる作品当選が発表された。同時に作詞公募発表の際に審査員の佐藤春夫が自作詩「国旗を謳ふ」を東京日日新聞社に寄稿した。この詩には中山晋平が作曲し《日章旗の下に》として発表された。

普及施策の数々

楽曲の普及も大々的に展開された。スタートとして十六日に日比谷音楽堂で開催された「日の丸行進曲発表会」は、吹奏楽や合唱のみならず、バラエティ、漫談、コント、三味線等の出演者により「日の丸づくし」とでもいえるプログラムで開催された発表会で、「豪華絵巻の展開に万余の会衆は酔う」と総括されていた。この発表演奏会を皮切りに、レビューや演劇が楽曲を取りあげていく。新国劇、古川ロッパ一座、笑いの王国といった劇団が早速公演中に演奏しているし、浅草松竹座や常盤座での歌謡ショー、幕末の長崎を舞台に黒船来航を経て陸軍が誕生するというストーリーの宝塚少女歌劇団雪組「春のをどり」フィナーレで日の丸を振っての合唱、松竹少女歌劇「東京踊」のフィナーレ直後での斉唱などの公演でも取り上げられた。また映画館の幕間にもアトラクションとして演奏されるなど興行全般を活用した普及がはかられていた。『東京日日新聞』紙上では四月三日付け紙面での宝塚少女歌劇公演に始まり九日付け紙面の笑いの王国まで連日写真入りで《日の丸行進曲》を取り入れた各団体の公演の模様を報じ続けていた。

この他、東京日日新聞社主催、日本国旗会指導で日本橋高島屋で開催された「日の丸展」は、日の丸に関する歴史的文献や、書籍、絵画、写真のほか戦争や国事、オリンピックなどで掲出や活用された日章旗の実物などを展示したイベントであった。このイベントのもうひとつの呼び物が、二十四日から二十九日まで高島屋ホールで開催された余興であった。これは《日の丸行進曲》の唱歌指導を共通演目とし、各日日替わりで映画や児童舞踊、日本舞踊や剣舞、松竹少女歌劇団のスターによる舞踊や独唱、古川ロッパ、徳山璉、浪岡惣一郎、三益愛子《みますあいこ》、江戸川蘭子《えどがわらんこ》らビクター専属歌手の独唱などが演じられていた。

続く二十九日には、同じく東京日日新聞社主催で「天長節《てんちょうせつ》奉祝日の丸大行進」が開催された。これは、都下女学生のほか、職場や少年団の吹奏楽団を集め、日比谷公園を出発し、二重橋前で拝賀式を行い、竹橋から九段下を行進し靖国神社を参拝するというもので、当日は、約一万人が《愛国行進曲》や《日の丸行進曲》を演奏しながら街頭行進を行った。またこれらの演奏を中心とした普及活動のみならず、学校や青年団、職場を対象とした楽譜の無料頒布も実施され、さまざまな媒体を駆使した楽曲の普及施策が実施されていたのであった。

大陸行進曲

武漢三鎮《ぶかんさんちん》攻略による中国大陸での戦線拡大が進展していた一九三八年九月十日に「大陸行進曲」歌詞募集が発表された。「『戦いはこれからだ』われ等は挙国一致、敢然として貴き日本の歴史的使命を背負ひ、新日本新東亜建設のためにあくまで奮戦せねばならぬ。この偉大なる気魄を全国民の脳裡に浸透せしむべく、ここに本社は有史以来の国難を突破しつつその建設的大理想に邁進する昭和日本の雄々しい姿を高唱する新国民歌『大陸行進曲』の歌詞を広く一般から募集する」という公告が一面に掲載された。審査顧問は、北原白秋、佐藤春夫、菊池寛、久米正雄に委嘱され、同月二十一日にはさらに大谷竹次郎、片岡直道、吉岡重三郎、田中重之、乗杉嘉壽、坂千秋、佐藤賢了、加藤尚雄、二荒芳徳、香坂昌子康、児玉政介の各氏の審査顧問追加が報じられた。募集は同月三十日に締め切られ、十月十五日に応募総数二万一〇〇〇編の中から鳥越強の作品が入選、白勢政夫の作品が佳作として発表された。作曲は南京《ナンキン》に派遣されていた中支派遣軍陸軍軍楽隊に委嘱され同月二十七日に「呼べよ日本一億の　生命あふれる足音に……」と歌い出す二拍子ニ長調の勇壮な《大陸行進曲》として披露演奏会が開催され、二十八日付け紙面で曲譜が発表された。作曲委嘱の経過については「本社はこの歌詞にふさわしき曲を求め『大陸行進曲』歌詞募集の意図を全うすべく、目下中支にあって活躍中の中支派遣軍陸軍軍楽隊に特に社友大宅壮一《おおやそういち》氏を派遣して銃後の要望を伝えこれが作曲を懇請したところ、劇しき軍務にも拘らず、現地軍楽隊では快く本社の乞いを容れられ戦場に漲《みなぎ》る愛国的感興によって直ちに佐曲は完成された」と報じていた。レコード製作も同時進行し、二

図9「大陸行進曲」発表会（毎日新聞社提供）

十八日にはビクターで録音され、十一月に発売された。

普及の施策　《大陸行進曲》の普及は、十月二十八日の「『大陸行進曲』特別披露会」から開始された。東京会館で開催されたこの会は、東京日日新聞社が内閣情報部や内務省、厚生省などの政府官庁や官製国民運動団体の代表者を招き、徳山璉、波岡惣一郎、久富吉晴らビクター専属の歌手による発表演奏を行い、レコード発売前から積極的な売込みをはかっていた。その後、十一月五日には、「『大陸行進曲』正式発表会」が日比谷大音楽堂で開催された。発表会は、吹奏楽と合唱による演奏《大陸行進曲》演奏の後、ジャズ漫才、新劇俳優のステージトーク、日本舞踊と軍舞や歌唱指導などが演じられた多彩な出演者によるプログラムであった。その後は、十一月一日初日の松竹歌劇団「世界に告ぐ」のフィナーレを皮切りに興行団体が楽曲を取り上げていく。同月二日からは、「宝塚健康美」のサブタイトルを掲げ、集団と健康をテーマとした宝塚少女歌劇雪組公演のグランドショウ「ショウ・イズ・オン」のフィナーレで、さらに同月九日から始まった国際劇場の大衆顔見世興行「軍鳥」の冒頭での演奏と続き、新国劇、松竹家庭劇、吉本ショウ、笑いの王国、日本劇場といった公演でも取り上げられていた。さらに舞踊化も同時進行し、児童舞踊は文部省の検定も下付され、また日本舞踊では花柳壽輔《はなやぎじゅすけ》により振付けられた。

これらの中で特に松竹歌劇団は、積極的な取り組みを行っていた。まずレビュー公演では、前述した「世界に告ぐ」の後、同年十二月の帝国劇場公演「戦捷の花束」でコミックダンスや団員が横一列になって踊るラインダンスに舞踊化された。また松竹歌劇団の北支慰問団では、「男装の麗人」として圧倒的な人気を誇っていた水の江滝子が《大陸行進曲》を取り上げていたが、この慰問活動の集大成として、十二月十八日に東京日日新聞社の後援で「大陸行進曲大合唱・SSK皇軍慰問隊報告の会」が国際劇場で開催され映画試写、慰問報告、演奏というプログラムが組まれた。この後、題材としたレビューを一九三八年大晦日に「日本三部作　武士道日本・忠臣蔵、建設日本・大陸行進曲、躍進日本・防共の誓い」として開幕させた。さらに一九三九年一月二十二日からは、第二幕の「建設日本・大陸行進曲」を「興亜の春・見て来た大陸」に変更し、北支慰問のルポルタージュ・レビューとして舞台にのせた。

東京日日新聞社の取り組み

このように東京日日新聞社は、一九三七年から翌年にかけて《進軍の歌》《日の丸行進曲》《大陸行進曲》という「国民歌」を公募による自社イベントとして立て続けに発表した。それは中国大陸での軍事情勢に呼応し、国民意識の昂揚をはかることを狙ったメディアによる国民運動の推進であった。しかもレコードやラジオ放送のみならず、「歌」に関わる芸能領域を活用し動員したメディアイベントであったといえよう。その集大成は、「国民歌高揚運動」と題して実施した三つのイベントである。第一が前述した「大陸行進曲SSK皇軍慰問隊報告の会」、第二が東京日日新聞社主催で一九三八年十二月二十八日と二十九日に歌舞伎座で開催された「ビクター・コロムビア合同大演奏会」、第三が同月三十日に江東劇場で開催された東京日日新聞社後援の「愛国歌謡大会」であった。

「ビクター・コロムビア合同大演奏会」は、ビクターとコロムビアという二大レコード会社の主要な歌手が勢揃いする一大歌謡イベントであった。「ビクター部隊」「戦捷コロムビア」そして両者合同の「音楽日本」の三部構成で、フィナーレでは《進軍の歌》《露営《ろえい》の歌》《日の丸行進曲》《大陸行進曲》《愛国行進曲》が演奏された。この演奏会では双方のレコード会社の主要な歌手たちが、「国民歌」のみならず《天竜下れば》《島の娘》《旅の夜風》《別れのブルース》といった流行歌を、さらに当時のオペラ界のトップスターである三浦環《みうらたまき》や藤原義江《ふじわらよしえ》によるオペラのアリアなどを演奏したことに見られるように、演奏家の持ち味を発揮した演目で構成という特徴があった。この背景には、「国民歌」普及による意識昂揚や教化動員がはかられる一方で、「歌」に求められた慰安や娯楽という役割が支持される側面が大きかったととらえることができよう。

東京日日新聞社の楽曲公募は、「国民歌」制定の嚆矢《こうし》となった《進軍の歌》《露営の歌》の実績に裏打ちされていたせいか、社を挙げての大々的なイベントと位置付けられていた。それは募集公告や結果発表を新聞の一面や二面に掲載していたことに端的にあらわれている。

朝日新聞社の取り組み

朝日新聞社の取り組みは、その応募対象を楽曲制定の目的に応じて臨機応変に変えていたという特徴があった。「皇軍大捷の歌」の次に行った公募は、日独伊三国防共協定を記念して東京市がイタリアとドイツに桜の苗木や種子を贈呈するイベントに呼応した、少国民向けの「さくらの歌」作詞募集であった。

一九三八年二月十五日締切で実施された募集は、同月二十日に四編の入選作が発表された。これらのうち二編に曲がつけられ、東郷央の詩には村山美智子が作曲し《咲けよ日本の桜花》として、また福井綾子の詩には中山晋平が作曲して《さくらのお使ひ》として三月に発表された。この楽曲普及は、東京市による演奏会での演奏のほか、三月に開催された宝塚少女歌劇団星組の東京宝塚劇場公演でも劇中歌として取り上げられたほか、それぞれ舞踊化され、さらに小学唱歌教科書にも掲載された。

このような児童を対象とした童謡の募集は、続いて朝刊に掲載されていた横山隆一《よこやまりゅういち》原作の漫画『フクチャン部隊』の連載一〇〇回を記念した「フクチャン部隊の歌」作詞募集として実施された。一九三八年四月二十二日の締切後、根本翠《みんなかわいい》、宮朋子《フクチャン部隊は》、前田要《フクチャン部隊行進曲》の作品入選が発表され、同時に作曲はコロムビアに委嘱された。五月二十二日に豊島園で開催された入選歌発表会は読者招待や電車の割引、先着三〇〇〇名にお菓子配布などの子供向けサービスが付加された。ちなみに横山の「フクチャン」を主人公とする漫画は、戦後も『毎日新聞』で長期連載されている。

これらの募集の後、朝日新聞社は一九三八年十月九日に広く国民大衆に対し「聖戦年余全支に転戦しつつある幾忠勇武の将士、忠烈国に殉じた護国の英霊、さらにまた名誉の戦傷病のため療養中の勇士の方々に対し心からなる国民の感謝を捧ぐるため」の「皇軍将士に感謝の歌」の作詞募集を発表した。同年十月末締切までに二万五七五三編の応募があり、十二月三日に福田節の「父よあなたは強かった」が入選、橋本善三郎の「兵隊さんよありがとう」が佳作第一席として発表された。

父よあなたは強かった

一方、作曲についてはは当初からどのような形で制定するか発表されていなかったが、実際にはコロムビアの社内コンクールとして実施され、社内公募として山田耕筰《やまだこうさく》や服部良一《はっとりりょういち》ら一二人に作曲を委嘱の上、テスト盤を作成し公開試聴会を開催し、《父よあなたは強かった》は「父よあなたは強かった　兜《かぶと》も焦がす炎熱を……」と歌い出す八分の六拍子へ短調の明本京静《あけもときょうせい》（一九〇五～七二）の作品が、また《兵隊さんよありがとう》は佐々木すぐるの作品が朝日新聞社の社内審査会で選定され、十二月二十八日に発表、同日コロムビアにてレコード吹込みが行われた。明本京静は青森県出身、一九三三年コロムビア専属となり、作詞作曲を手がけ戦前から戦後を通じて活躍した作曲家である。

楽曲の普及は、年明けから曲譜の頒布が実施され、一九三九年一月十二日付け紙面には杭州での曲譜活用が報じられた。またステージでの活用をいち早く行ったのは、日劇ダンシングチームで、同月十八日初日のステージショウ「冬のスポーツ」の中で取り上げられた。その後同月二十日には、日比谷公会堂で「皇軍将士に感謝の歌発表会」が開催されている。この発表会は、朝日新聞社の主催で、第一部が「将士の労苦を偲ぶ」目的で、従軍記者と漢口《ハンコウ》に従軍した林《はやし》芙美子《ふみこ》の講演、第二部がレコード吹込みを行った伊藤久男、霧島昇、二葉あき子、松原操、高峰三枝子らによる《父よあなたは強かった》と《兵隊さんよありがとう》の演奏と、作曲者自身による歌唱指導、第三部が日劇ダンシングチームによるステージショーという構成であった。

この発表会は東京だけでなく、同じ構成で同月二十二日に大阪、二十三日に京都、二十四日に名古屋でも開催され、主要都市での積極的な普及活動が展開された。東京では、その後同月二十七日に、日本橋高島屋で作曲者とコロムビア歌手の出演で「皇軍将士に感謝の歌発表演奏会」も開催されるなど、発表直後から普及徹底を目論んだ企画が矢継ぎ早に実施されていた。ちなみに同月二十一日には日本橋三越で開催された愛国婦人会による第一陸軍病院の傷士慰問の演奏会でも《父よあなたは強かった》が演奏されている。このように発表当初からさまざまな場で演奏されていた《父よあなたは強かった》は、さらに二月から三月にかけてステージのみならず、広告媒体や教育など幅広く用いられていく。

東京日日新聞社の取組み同様、朝日新聞社でも「歌」による国民の意識喚起を目論んだ戦術をとっていて、同年二月一日初日の宝塚少女歌劇団雪組東京宝塚劇場公演のグランド・ショウ「日本風俗絵巻」エピローグ、同月十七日初日の浅草公園オペラ館でのヤパンモカル・チームの「皇軍将士に感謝の花籠」、同年三月四日初日の新国劇と宮城道雄《みやぎみちお》社中、中尾都山《なかおとざん》社中による東京劇場「日本の合奏」、エノケン一座の「有楽街メロディ」、内地公演中であった朝鮮楽劇団の浅草花月劇場公演のフィナーレといったステージで《父よあなたは強かった》が演奏されていたほか、松竹による映画化、花柳壽美《はなやぎすみ》振付による日本舞踊、河野たつろ振付の舞踊、三味線への編曲などの普及施策が見られた。

またこの楽曲独自の企画としては、一九三九年一月二日から五回にわたり連載された林《はやし》二九太《にくた》の短編小説「父よあなたは強かった」、高島屋との連携による「感謝袋」の発売や、尋常小学校・高等小学校用の教科書検定取得と楽譜の無料頒布などが指摘できる。

さらに、作曲者や演奏者が演奏のみならず新聞紙上で「人々が皇軍勇士に感謝したい気持ちがこの歌を中心に波打っている」（明本京静）、「ただひとつ心残りなのは白衣の看護婦さんに感謝する歌がなかったことでした」（二葉あき子）（「皇軍将士に感謝の歌〝父よ〟演奏座談会」『東京朝日新聞』一九三九年三月四日、十一日）などの見解を発表していたことも他の「国民歌」公募では見られなかった特徴である。作曲者自ら歌い歌唱指導を行う「異例さ」も歌手陣から指摘されている。ただこのような多彩な普及施策の展開は、単に自社制定の楽曲制定という朝日新聞社の戦略もさることながら、それ以上に、次に触れる楽曲の存在が大きく影響していたのである。

愛馬進軍歌

「国民歌」の制定は、メディアに限ったものではなかった。敏感に反応したのが陸軍である。陸軍省馬政課と農林省馬政局が直接作詞・作曲公募を実施した行進曲「愛馬進軍歌」と俚謡《りよう》または童謡「愛馬」は、陸軍省により鳴り物入りで制定され、普及がはかられた楽曲であった。陸軍省は、一九三九年に四月七日を「愛馬の日」と定めたが、これを広く国民に浸透させるために、楽曲募集を行った。この「愛馬の日」制定と楽曲募集企画を主導したのが当時陸軍省馬政課長の栗林忠道大佐（後に第一〇九師団長として硫黄《いおう》島で戦死）であった。作詞募集規定はその目的について「無言の戦士（引用者注・軍馬）に対し国民一同感謝し愛馬心を喚起するため老幼男女を問わず平戦両時を通じ常に愛唱する歌詞を作る」ことが掲げられていた。

作詞は、一九三八年十月十五日に募集が、十一月二十二日に愛馬進軍歌（行進曲）は久

図10　「愛馬進軍歌」発表会（毎日新聞社提供）

保井信夫の「愛馬と征《ゆ》く」、俚謡は、山田静「愛馬行」、童謡は石井勝治「おいらのお馬」が発表された。作詞発表と同時に、行進曲の作曲は一般を対象、俚謡と童謡は応募資格をレコード会社専属作曲家に限定した公募が開始された。行進曲は一九三八年十二月十二日の作曲募集締切までに三〇〇〇余編が寄せられ、山田耕筰、堀内敬三、信時潔《のぶとききよし》、中山晋平、古関裕而《こせきゆうじ》といった作曲家のほか、小野東京中央放送局文芸部長、大沼哲陸軍軍楽隊長、陸軍報道部（柴野中佐）、内閣情報部（京極高鋭）、陸軍省馬政課により審査され、同月二十五日に新城正一の二拍子ト長調の明快な作品が当選となった。ちなみに同時に発表された《愛馬行》は佐藤長助、《おいらのお馬》は長谷川堅二の作曲であった。「国を出てから幾月ぞ共に死ぬ気でこの馬と……」で始まる《愛馬進軍歌》のレコードは、コロムビア、ビクター、ポリドール、キングの各社から一九三九年一月にいっせいに臨時発売された。

この《愛馬進軍歌》については、募集主体であった陸軍省によるなかば強制的な普及施策が展開されていた。馬政課員の白川少佐によるレコード会社への統制について吉本明光は次のように述べていた。

陸軍省の動き

恰度《ちょうど》この頃コロムビアでは「父よあなたは強かった」の宣伝に主力を注いでいたが白川少佐は日曜になると背広服を着て朝からコロムビアの銀座陳列場に立ち「父よあなたは強かった」のレコードは何百回かけたのに対し「愛馬進軍歌」は何回しかかけなかったと詳細な統計表を作り、その翌朝登庁するや否やコロムビアに電話を以てその旨を語り「お前の会社は国策遂行に協力する気かどうか肚を据えて返答しろッ」と一喝を喰らわしたというエピソードがある位この歌の普及に対して文字通り陣頭指揮した。

（「国民歌を環《めぐ》って」）

このあたりの事情は、白川本人が

普及に当っては全国の各学校を始め、畜産組合、競馬倶楽部其他各方面に呼びかけて普及に協力して貰い、軍隊の方は陸軍省から各師団へ通牒《つうちよう》を出し部隊長の命令によって教え且《か》つ歌わしているようなわけで全国の各放送局でもあらゆる機会に利用し放送してもらっています……レコード各社を呼んで之が吹込みを話した時は各社とも余りいい顔はせなかったのが憚らない事実であります。勿論《もちろん》其の時は各社に希望せない会社は無理に吹き込まなくても宜《よろ》しいと申し渡したのですが、それも出来ない様な何とも言えない態度でありました……国策レコードには各社の営業の許す限り協力して貰いたいと思います。（「進軍歌のできるまで」『音楽新聞』一三四号、一九三九年三月）

と苦言を呈しているように、当初から陸軍省と新聞社やレコード会社とのスタンスの違いが表面化しており、普及過程における陸軍省の強制力が発揮されていた。歌詞募集発表の時期は、東京日日新聞社が《大陸行進曲》作曲の発表、朝日新聞社は「皇軍将士に感謝の歌」歌詞募集の真っ最中という時期であり、自社制定楽曲に注力せざるを得ないタイミングであった。それは東京日日新聞社が「愛馬歌詞懸賞募集」という欄外の募集公告扱いであったのに対し、朝日新聞社は、「ニュース縮刷版」という囲み記事での告知という扱いの違いからもうかがい知ることができる。

楽曲の発表は、一九三八年十二月二十八日に参謀総長の閑院宮《かんいんのみや》を迎え、陸軍省中庭で省内の発表会を皮切りに、一九三九年一月十五日に日比谷公会堂での発表演奏会などで演奏された。

陸軍による音楽の利用

楽曲普及にあたっては東京日日新聞社が、《大陸行進曲》普及と後述する《太平洋行進曲》歌詞募集開始という間隙を縫う形で協力体制をとっていた。一月以降、東京日日新聞社主催、陸軍省後援で全国主要都市において「『愛馬進軍歌』発表演奏会」を開催していたが、東京では二月十一日の紀元節《きげんせつ》にあわせ「建国祭奉祝乗馬大行進」を開催し、そこで大々的な《愛馬進軍歌》の演奏を行ったり、この大行進にあわせて同月十日から十七日まで東京日日新聞社と陸軍省の後援により銀座松屋で「『愛馬進軍歌』展覧会」が開催されるなど、大々的な普及イベントを推進していた。《愛馬進軍歌》は、実質上《愛国行進曲》に次ぐ「官選国民歌」として、メディアが取り組んでいた方策を利用しつつ徹底した上からの強力な普及がなされた楽曲であった。

この時期の陸軍省による楽曲選定としては、後述する《出征兵士を送る歌》のほか、読売新聞社が公募した「空の勇士を讃へる歌」があげられる。一九三九年八月締切で歌詞募集が実施され、二万四六八八編の公募があり、陸軍省情報部・同航空本部、北原白秋《きたはらはくしゅう》、西條八十《さいじょうやそ》、読売新聞社による審査の結果、作詞・大槻一郎、作曲・蔵野今春の作品を選定し「恩賜の煙草をいただいて　明日は死ぬぞと決めた夜は……」で始まる四拍子ト長調の朗々たる《空の勇士》が陸軍省選定として十月に発表された。

海軍の「国民歌」制定

日中戦争期の上からの「国民歌」制定は、陸軍や海軍による軍事思想の普及や啓蒙という観点からも重要である。海軍も音楽を用いた取り組みを行っていた。その最初の事例が、一九三八年十月の《軍艦旗の歌》の制定であった。同月八日は、軍艦旗が制定されて五〇年の節目であり、それを記念して当日は主要な艦船が午前八時にいっせいに軍旗を掲揚するなどの取り組みがなされた。さらに国民大衆への意識昂揚をはかるため、「軍艦旗の歌」制定や記念講演、記念展覧会の開催やポスター、パンフレットの作成などが実施された。「軍艦旗の歌」制定は、海軍省軍事普及部が主体となり十一月三日に開催される「軍艦旗五十周年記念」の行進で演奏する記念楽曲として企画されたもので、作詞を佐佐木信綱《ささきのぶつな》、作曲を瀬戸口藤吉《せとぐちとうきち》に委嘱し、十月二十五日に発表された。

記念行事は、全国の艦船や部隊等の施設での軍艦旗掲揚、海軍軍楽隊による都心の行進などが実施されたが、ここでメインに演奏されたのが、《軍艦旗の歌》であった。《軍艦旗の歌》は続く四日に軍人会館で開催された「軍艦旗五十周年記念の夕」でも演奏され、国民意識の啓蒙に活用された。そして海軍による「国民歌」の活用は、メディアとのタイアップにより、継続していくことになるのであった。

太平洋行進曲

一九三九年二月十八日に募集が発表された「太平洋行進曲」作詞・作曲公募は、東京日日新聞社が海軍省の委嘱を受けて実施したものであった。「太平洋行進曲募集」は、「太平洋の重要性を再認識し、われら海国男子の意気を昂めるため」に「太平洋を中心としてわが海軍を讃え神国国民の雄叫《おたけ》びを歌った勇壮にしてかつ平易明快のもので全国民が斉《ひと》しく愛唱するに適する」歌詞と作曲の募集であった。歌詞募集は、作家の島崎藤村《しまざきとうそん》、佐佐木信綱、菊池寛、久米正雄、詩人の北原白秋、佐藤惣之助と海軍省軍事普及部の金澤正雄少将により審査された。そして三月二十七日付け朝刊二面に、応募総数二万八一〇五編の中から、横山正徳の入選作と佳作第三席と優秀作の氏名が発表された。そして同紙面で、海軍軍楽隊長内藤清五、陸軍軍楽隊長大沼哲、瀬戸口藤吉、作曲家の山田耕筰、信時潔、小松耕輔、中山晋平、弘田龍太郎、堀内敬三、下總皖一、橋本國彦を審査員とした作曲懸賞募集が発表された。作曲は四月二十一日に最終審査が行われ、天長節にあわせ四月二十九日に応募総数三六一二編の中から、布施元の入選と佳作第三席

図11　「太平洋行進曲」発表会（毎日新聞社提供）

までの氏名が紹介され、晴れて海軍省選定歌《太平洋行進曲》が四拍子ト長調の勇壮な楽曲として発表された。

『東京日日新聞』は、この歌詞募集にあたりその意義について審査員の佐藤惣之助と佐佐木信綱のコメントを掲載した。そこで佐藤は「帝国軍艦は洋の南北何千哩を威圧して我が海のますらおは南支那海までも制覇しているのである。この威力はどこから来たか、この意気は何のためであるか、応募者諸君は此《これ》をよく頭と血潮の中に入れて、この国家、国民の覚悟や意気を明らかにしてもらいたいと思う」と述べ「昭和の今日、併せて聖戦国の栄光とひたすらその将来ある赫々《かつかく》たる国威を宣揚すること、南に北に、日出《ひいず》る国の秋津島根の、さらに海の日本、世界唯一の大日本の責任感を、平易に、わかり易く、それでいて血の力のこもっているものにして、世界各国へ示しても恥かしからぬ大国民歌であって貰いたい」と希望を述べていた。また佐佐木は「現時の日本における太平洋への関心は、必ずや吾が国民の意気を、忠勇なるわが帝国海軍の士気を尚一層鼓舞する佳作が生れて、上代日本の歌謡と共に永遠に伝わるものがあろうと思う」と述べ、その制定の意味するところを指摘していた。

今こそ太平洋行進曲を

《太平洋行進曲》の普及は、五月三日の海軍省中庭で開催された試聴会から開始された。続いて同月十日には、日比谷大音楽堂にて海軍協会と東京日日新聞社の主催、海軍省の後援で「海軍省選定歌太平洋行進曲発表会」が、講演ののち第一部《太平洋行進曲》演奏と歌唱指導、第二部舞踊と合唱「海の勇者」と杵屋彌七《きねややしち》社中の三味線演奏、第三部「愛国歌大合唱」という構成で開催された。

《太平洋行進曲》の普及は、『東京日日新聞』紙上でも「太平洋行進曲だより」として適宜報道されていた。最初にステージで取り上げたのは、同月十六日初日の浅草オペラ館公演のバラエティ「太平洋行進曲」であった。その後同月二十日陸軍戸山学校軍楽隊の靖国神社への徒歩演奏行進、第四回日劇名曲オーケストラ公演「無敵海軍」のフィナーレ、同月二十七日の海軍軍楽隊合同大演奏会や海軍記念日記念会、六月三日初日の東京宝塚劇場花組公演・国民読本「太平洋行進曲」、六月五日からの「国民歌謡」としてのラジオ放送をはじめ、笑いの王国、浅草花月劇場、ムーラン・ルージュなど、レビューやショーのほか、宝塚少女歌劇花組公演や横浜歌舞伎座の公演などで楽曲を挿入し演奏されていた。

たとえば宝塚少女歌劇の国民読本「太平洋行進曲」は、「非常時日本の国民読本」という筋立てで、水産日本を象徴する北洋漁業、海運日本を象徴する太平洋航路と、海軍日本という三つの側面から海国日本の国威と守りを称える内容のレビューであったが、その冒頭で高らかに《太平洋行進曲》が合唱された。

さらに《太平洋行進曲》独自の企画としては、湘南や房総の主要な海水浴場やプール等で舞踊講習会やレコード演奏のほか、文部省検定済み教科書発行や「太平洋行進曲映画脚本懸賞募集」などが行われた。

航空イベントでの「国民歌」

一九三〇年代から四〇年代にかけては、日本においても航空思想の普及に関わる動きが見られた。特に一九三〇年代後半は、拡大する戦線の報道競争から、朝日新聞社や東京日日新聞社などの新聞社による航空機の活用が報道各社の重要な戦略となっていた。一九三七年四月に朝日新聞社機「神風」が東京からロンドンまでの世界最速記録を樹立していたが、東京日日新聞社は一九三八年七月三日に「この大業に邁進する日本国民の意気と、如何なる難局に直面するとも断じて屈せず、撓《たゆ》まざる日本精神を全世界に知らしめ、同時に異常なる躍進を遂げたわが国の航空科学、航空工業および航空技術の力を列国に示し、わが国に対する明確なる認識を深からしめ、これによって国際親善交歓を行わんとする」目的で「世界一周大飛行」計画を発表した。同月十四日には、飛行機の愛称「ニッポン」の決定と、「世界一周大飛行の歌」歌詞の懸賞募集が発表された。飛行機の愛称は、東京日日新聞社が一般公募していたもので、一二三万近い応募の中から、二二を選定し、帝国飛行協会総裁の梨本宮《なしもとのみや》の採決により決定した。歌詞懸賞募集は締切まで一週間という短期の募集であったが、四万五二〇二編の応募があり、同月二十三日に掛川俊夫の入選が発表され、同時に橋本國彦に作曲が委嘱された。そして同月二十九日に「国をうずめた 日の丸の 歓呼の中に羽ばたいて……」で始まる四拍子ハ長調の「わがニッポン」号＝大日本の讃歌とも言い得る歌詞に、空を飛ぶ飛行機をイメージさせる軽快な上昇音階を活用したメロディーによる《世界一周大飛行の歌》として発表された。この楽曲は、新聞社による国威発揚のイベントを、側面から支援する目的で実施され、国民運動の広報といった位置付けの「国民歌」公募であり、一九四〇年代になると、このスタイルの「国民歌」公募が頻繁に実施されるようになるのであった。橋本國彦（一九〇五〜四九）は一九三七年にヨーロッパ留学帰国後、母校の東京音楽学校教授として教鞭をとる一方で、管弦楽や器楽曲のほか、合唱をはじめとする声楽曲を数多く発表したほか、ビクターレコードなどで編曲も担当するなど多彩な活動を行っていた。

主婦之友社の取り組み

国策に呼応した公募企画には、出版社も積極的に関わっていた。先鞭は主婦之友社であり、一九三八年に始まった作詞公募は、形を変えて以降も継続していく。その起点が『主婦之友』一九三八年四月号に発表された「婦人愛国の歌」作詞公募であった。「勇士の胸に流れる赤い血も、銃後の胸に燃える赤い血も、共に国を思う赤誠の迸《ほとばし》りであります。銃後全日本婦人の皆様！　皆様のその胸に溢れる真情をそのまま高らかに歌にしてください」と誌上で発表された作詞公募は、内務省、文部省、陸・海軍省、国民精神総動員中央連盟、国防婦人会、愛国婦人会の後援で、作家の菊池寛と吉屋信子《よしやのぶこ》、詩人の西條八十、作曲の瀬戸口藤吉、松島慶三を選者として開始された。

四月五日の締切までに二万編の応募があり、同月十三日に上條操の作品が一等に、また仁科春子の作品が二等第一席、小林よし子の作品が二等第二席に決定し、一等は瀬戸口藤吉の作曲により二拍子へ長調の軽快な《婦人愛国の歌―すめらみくにの―》、二等第一席は古関裕而の作曲により二拍子ト短調で銃後の決意を歌い上げる《婦人愛国の歌―抱いた坊やの―》といった具合に歌詞の歌い出しをサブタイトルに掲げて全く趣きの異なった二つの曲が同誌六月号で発表され、五月二十一日に東京、二十三日に大阪、二十四日に名古屋で「婦人愛国の歌発表演奏会」が開催された。発表演奏会は、六月になると呉《くれ》、福岡でも開催された後、大連《ターリエン》、新京（現、長春）、奉天（現、瀋陽）、平壌《ピョンヤン》、京城《ソウル》、大邱《テーグ》、釜山《プサン》といった満洲や朝鮮でも開催されていた。また六月号誌面では各賞の詩、一等作品の楽譜のみならず、踊りの振付が掲載され、早速普及を意識した工夫がなされていた。

公募の実情

この一等作品の選定について選者であった吉屋が「一等を決める歌には迷いました。そして私は或る一つを選んだのですが、選者の集まった日に瀬戸口先生のお選びになった『皇御国《すめらみくに》の日の本に、女と生れおひ立ちそ』に満場一致で賛成いたしました」と述べているように、瀬戸口の推挙により決定したようであるが、その瀬戸口自身はこの楽曲について「針仕事や洗濯をしながら歌ってもらうだけではなく、兵隊さんを送り迎えするときにも、皆で一緒に行進しながら歌えるようなものでなくてはと考え、調子を強めてマーチ式に作曲しました。『愛国行進曲』よりも歌い易く、二三度聞けばすぐ覚えられて、しかも銃後婦人の誠心と気迫をこめるように努めました」(「歌え高らかに」『主婦之友』一九三八年六月)と、いかに自然に日常の中で口ずさんでもらえるかに細心したことを明かしていた。

さらに、同年八月号誌上では、文部省後援による「躍進日本の将来を担う少年少女の愛国心を鼓舞激励する」ための「少年少女愛国の歌」歌詞公募を発表した。そして一万七千余の応募作品から一等に陸名一雄、二等に阪本敦子の作品が当選となり、十一月号誌上で一等の詩には山田耕筰に作曲が委嘱され《少年少女愛国の歌》として、また二等の詩には平岡照章に作曲が委嘱され《ぼくらのへいたいさん》として発表された。

続いて一九四〇年八月には陸軍省・海軍省・文部省後援で「英霊奉賛の心情を流露し平易にして老若男女唱和に適する」奉唱歌たる「靖国神社の歌」歌詞懸賞募集を行った。二万編余の応募作の中から、社内予選で三八編を選び審査委員会にかけられ加筆補正の上、一等に細淵国造が入選した。作曲は陸軍と海軍の軍楽隊とビクター専属作曲家のコンクールとなり十月に海軍軍楽隊作曲による「日の本の　光に映えて　尽忠の雄魂祀る……」と歌いだす四拍子へ長調の荘厳な《靖国神社の歌》が発表され同月の秋の臨時大祭で奉納されるなど、靖国神社顕彰への取組みも留意すべきであろう。

出征兵士を送る歌

出版社による「国民歌」制定で忘れてはならないのが、大日本雄弁会講談社による「出征兵士を送る歌」作詞・作曲募集であった（佐藤卓己『キングの時代』岩波書店、二〇〇二年参照）。

『キング』一九三九年八月号で発表された陸軍省後援の作詞公募は、七月三十一日の締切までに応募総数一二万八五九二編を記録した。これらの作品は陸軍省と佐佐木信綱、西條八十、小森七郎、佐藤惣之助の四名による審査顧問により審査が行われ、八月十五日に一三編の入選作が決定し、一等に生田太三郎の作品を選定して『キング』十月号で発表された。同号では同時に九月二十五日締切で作曲募集も発表された。作曲募集は一万八六一七編が寄せられ、『キング』十二月号で楽譜とともに林《はやし》伊佐緒《いさお》の一等入選により「我が大君に召されたる　命栄えある朝ぼらけ……」で始まる四拍子ハ短調の勇壮な楽曲が発表された。作曲審査にあたっては、大日本雄弁会講談社が作曲家数氏に委嘱して何回かの予選を実施して絞り込みを行い、そこで残った約三百余曲について、陸軍省と審査員が実際に作品を歌唱させて審査を行い、十月七日の決定会で審査員と、山田耕筰、堀内敬三、信時潔、大沼哲、内藤清五、京極高鋭の六名による審査顧問により三等までの入選作品を選定した。林伊佐緒（一九一二〜九五）は一九三六年からキングレコード専属となり、戦前戦後を通じて、作曲のみならず一貫して自作曲も歌うシンガーソング・ライターの先駆として活躍した。

この公募の作詞・作曲の応募数は、他の公募と比較しても突出した応募総数となっており、特に作曲募集は、先行研究でも倉田喜弘や佐藤卓己が指摘しているとおり「この数字は日本に於ける作曲に心得ある人々の総数に近き」ものに値するような桁外れの応募数であった。そこには『キング』という月刊雑誌の大衆動員力を垣間見ることができよう。しかも出版社が持つ自社レーベルでレコード化されたことも他の「国民歌」にない特徴であったといえる。

国民運動団体の取り組み

これまでは作詞や作曲の公募という、国民意識昂揚を意識した楽曲の制定形態に絞って見てきたが、当然のことながら募集という形態をとらずに、レコード会社による企画のほか、前述したような国家機関、公的機関や協会、民間企業による選定によって発表された楽曲もたくさん発表された、また同時に官製国民運動団体と括られる、国策に連動した国民動員や宣伝、意識昂揚を目的とした国民運動を遂行する組織が主導して「国民歌」を用いた国民教化動員運動を展開するなどの動きもこの時期に本格化した。以下、これらの事例を概観しておきたい。

たとえば愛国婦人会は、一九三九年に「銃後家庭強化の歌」作詞募集を行った。作品は七九八六編の応募があり、第一席には陸名一雄「銃後の日本大丈夫」、第二席には落久保音一「のぼる朝日に照る月に」が入選となった。同時に作曲は《銃後の日本大丈夫》を一般公募の結果、名倉晰《あきら》の作品が、また《のぼる朝日に照る月に》はコロムビアに委嘱され山田耕筰が作曲して同年十月に発表された。どちらも明るい希望を託すような長調の楽曲である。

銃後後援

日中戦争からアジア・太平洋戦争に至る時期には、銃後後援を目的とした国民運動が展開されたが、その意識昂揚においても音楽が用いられた。日中戦争期に実施された楽曲制定としては、《傷痍《しょうい》の勇士》制定があげられる。これは、一九三八年四月に設立された傷兵保護院が「銃後後援強化週間を意義付け、同時にこれを機会として、興隆日本の尊い礎である白衣の勇士に対する国民の感謝の念を昂揚する」目的で、歌詞を土岐善麿《ときぜんまろ》、作曲を堀内敬三に委嘱して制定したものであった。

一九三八年九月に《傷痍の勇士》として発表された楽曲は、レコード会社六社から発売されると共に、日本放送協会がラジオ放送していた「国民歌謡」にも取り上げられるなど、音楽によるメディアを活用した国民運動のひとつと位置付けられていた。このような傷痍軍人や遺家族援護のための国民運動は次章でも詳述するように、アジア・太平洋戦争期にも傷兵保護院が発展して一九三九年に発足した軍事保護院による軍人援護運動へと継続し、そこでも楽曲公募による「国民歌」制定・普及が展開していくことになる。

くろがねの力

また大日本体育協会は、一九三九年に内閣情報部の賛助、厚生省・文部省・国民精神総動員中央連盟の後援を得て「体育行進曲」の歌詞募集を行った。同年七月二十日締切までに一万二千余の応募があり、この中から三二編を選定した後、西條八十が選考し浅井新一の作品「くろがねの力」を当選歌として同月三十一日に発表した。作曲はコロムビア専属作曲家一三名による社内コンクールとされ、八月八日に、下村大日本体育協会会長、末廣厳太郎《すえひろいずたろう》、文部省・厚生省、京極高鋭、瀬戸口藤吉、内藤清五、大沼哲らを集めて競演会が開催された。その結果、江口夜詩作曲の作品が選定され同月十六日に「清新の血は朝日ともえて　見よ高らかに　伸びゆく日本……」と歌いだす四拍子へ長調の勇壮な《くろがねの力》として発表された。《くろがねの力》は早速神宮体育大会や秋の東京六大学リーグ戦開会式などで演奏されるなど、スポーツと国威発揚が連動した動きとして活用された。

新体制運動・紀元二千六百年

朝日新聞社の巻き返し

盧溝橋《ろこうきょう》事件から一九三九年に至る時期の「国民歌」制定普及は、《進軍の歌》で先手必勝となった東京日日新聞社に続いて、国民運動に連動した企画を主とする朝日新聞社が追随していくという構図であったが、一九四〇年になると少し変化が出てきた。楽曲公募というワク組みで見る限り、朝日新聞社の入れ込みが顕著となってくるのである。

一九四〇年になって朝日新聞社が最初に実施した公募は、同年二月に発表された『防空の歌』歌詞公募であった。これは「世界各国に比して我が民間防空が著しい立ち遅れにある際『国民防空』の急務が一層痛感される」趣旨で朝日新聞社と大日本防空協会の主催に

図12 「興亜行進曲」発表会（朝日新聞社提供）

より実施された。三月二十日の締切までに一万六〇〇〇余編の応募があり、四月八日に伊藤宏の作品が入選、同時に佐々木俊一の作曲により晴れて「朝だ真澄の青空だ　光は呼ぶぞ眉あげて……」と歌う二拍子変イ長調の軽快な《防空の歌》が内閣情報部選定として発表され、同月二十二日に発表演奏会が日比谷公会堂にて開催された。

興亜行進曲

続いて三月には、朝日新聞社主催、文部省、陸・海軍省後援で「興亜行進曲」歌詞募集が行われた。二万九五二一編の応募の中から、六月五日に今澤ふき子の作品の入選が発表され同時に作曲募集も発表された。作曲については、陸軍軍楽隊（大沼哲代理瀬川軍楽少尉）、海軍軍楽隊（内藤清五）、橋本國彦、小松耕輔、山田耕筰《やまだこうさく》、堀内敬三と文部省、陸・海軍省による審査委員により予選審査が実施された。そして五八七五編の応募作の中から七月二日に福井文彦の入選により「今ぞ世紀のあさぼらけ　豊栄《とよさか》登る旭日《きょくじつ》の……」と歌う四拍子変ロ長調の躍動感あふれる楽曲が完成した。

同月六日には日比谷公園大音楽堂で発表演奏会が開催されたが、レコードがコロムビア、ビクター、ポリドール、テイチク、キング、タイヘイの各社から同時に発売されることもあって出演歌手も各社の専属歌手が勢揃いするなど、新聞社主催の楽曲公募としては異例の総動員体制での普及が図られることとなった。ちなみにこの演奏会の最後は、朝日新聞社公募で制定された《父よあなたは強かった》でフィナーレをむかえている。

航空日本の歌

引き続いて実施された朝日新聞公募の第三段は、一九四〇年八月の「航空日本の歌」歌詞募集であった。この公募は前述した航空イベントでの楽曲活用が、広く航空思想普及という目的で継続していく流れの中で位置付けるべきであり、以降アジア・太平洋戦争期に至ることとなる。今回の公募は、九月二十八日が航空記念日として制定されることを記念して、朝日新聞社が全社を挙げて実施した記念行事の一環という位置付けの一大イベントであった。朝日新聞社主催、文部省、逓信《ていしん》省、陸・海軍省、帝国飛行協会の後援で実施されたこの公募は、「九月二十八日の航空記念日制定を記念し、これを機会に一層航空思想の普及昂揚を図るため」という目的で実施されたものであった。歌詞公募には二万五一六二編の応募があり、九月十二日に中川秀雄の入選と、佐々木すぐる作曲により「無敵の誉れしろがねの　翼きりりとまっしぐら……」と歌う四拍子変ホ長調の平易かつ華麗なメロディーの《航空日本の歌》が発表された。この作曲は、コロムビアに委嘱され、コロムビア専属作曲家から二一編の作品が寄せられ社内コンクールの結果、佐々木の作品が決定したものであった。発表会は、同月二十二日に共立講堂で開催されるとともに一部は全国にラジオ中継された。

この楽曲の普及については、朝日新聞社と帝国飛行協会の主催により東日本の一七都市で「航空日本の夕」が開催された。これは航空思想の普及徹底のため企画されたもので、陸・海軍から派遣された「実戦参加の荒鷲《あらわし》将校」による講演、コロムビア専属歌手による《航空日本の歌》歌唱指導、ニュースと航空に関する映画の三部構成で九月二十三日から二十八日まで順次開催された。その後記念日となる二十八日には、全国一五都市で「航空記念日制定記念航空大会」が開催されたほか、航空講演会やグライダー大会、模型飛行機競技大会、航空展などさまざまなイベントが全国規模で開催されたが、この「航空大会」の最後には《航空日本の歌》が合唱され、イベントでの効果的な活用がはかられていた。

さらに後述するように宝塚歌劇団の挺身活動でもこの曲が取り上げられていた。

これらはいずれも新聞社主催のイベントではあったが、単なるイベントではなく、国策と密接に連動した国民運動への呼応であり、これらの運動に対する朝日新聞社の積極的な姿勢を示すものであった。

国民進軍歌

一九四〇年に入って、立て続けに「国民歌」制定に関わった朝日新聞社と対照的であったのが東京日日新聞社であった。それまで「国民歌」制定による教化動員や国民運動の展開を主導してきた東京日日新聞社は、一九三九年十一月に歌詞募集を行い、同年十二月に「勤労奉仕の歌」を発表したが、一九四〇年に入ってからは、不自然なくらい「国民歌」制定を中断してしまう。そして半年の沈黙の後、突如として全社を挙げての一大イベントとして発表されたのが、東京日日新聞社の主催、軍事保護院、陸・海軍省、文部省、恩賜財団軍人援護会の後援による「国民進軍歌」歌詞懸賞募集であった。

一九四〇年六月一日の『東京日日新聞』一面に「銃後の精神的武装『国民進軍歌』懸賞募集」記事が掲載された。募集については「国家総力戦の真価と、世界に冠絶せる日本精神を発揮すべく、第一線にあってますます武威を輝かしつつある皇軍の労苦を偲ぶとともにに、親東亜の尊い礎石となった英霊に心からなる感謝を捧げ、傷痍の勇士、遺族はもとより出征軍人を送り出した名誉の家の人人を扶《たす》け励まし、相共に興亜の聖業完遂に歩武堂々の大進軍を起すべき絶対的必要を痛感し」と趣旨が述べられ、この趣旨を反映し募集規定には「銃後国民の精神的武装進軍を歌いたるものにして老幼を問わず唱和し易き明朗、平易なるもの（少なくても一小節に傷痍軍人、戦没者遺族、出征軍人家族、帰還勇士等に対する感謝と保護の念を強調し、相共に進軍するの意を歌いこむこと）」が定められ、これまでの公募では見られなかった、具体的な歌詞の内容を指定した規定となっていた。

公募結果は七月一日付け二面で、下泰の入選が発表され、同時に「入選歌詞の精神を最もよく体現し、国民一般に『これこそわれらが大進軍歌』として愛唱されるにふさわしい勇壮にして明朗な旋律を盛るものにして後世に残るべき名曲の出現を切望し」た作曲の募集を発表した。七月三十一日の締切までに三九二六編の応募があり、八月八日に入選曲決定が七日の審査顧問会の様子と試演の写真掲載で報じられたが、審査員により編曲中と断りが付けられ、入選者氏名や曲譜は公表されなかった。その後同月十五日付け三面で、松田洋平の入選と「この陽この空この光　アジアは明ける厳かに……」で始まる二拍子変ホ長調の明朗なメロディーの曲譜が発表された。またこの紙面では同時に作曲審査員会の選評とレコード吹込みについても報じられていた。選評では「入選作は従来一般に愛唱されている国民歌の旋律の特徴を巧みにとり入れ、しかもその上に明朗な新鮮味を作り出したところに、この曲の優秀さを認める……またこの曲は『愛国行進曲』と同様に低い音から始まる曲であるから日ごろ『愛国行進曲』に馴れている大衆にとっては非常に歌い易いものだ」とその特徴を述べていた。またレコード吹込みについては前述した同月七日の審査顧問会の決定を受けて、すでに十二日にビクターにおいて吹込みが完了し、同月二十五日の発売を報じていた。

国民進軍歌の広がり

《国民進軍歌》普及のスタートは、作曲紙面発表の八月十五日に華族会館で朝香宮《あさかのみや》臨席で開催された「国民進軍歌特別演奏会」であった。ここで佳作第一席の《みんな兵士だ弾丸だ》も演奏され、公募楽曲が初めて公式の場で演奏された。続く同月十九日には歌舞伎座において関係者による「国民進軍歌特別披露会」で演奏のほか、尺八による舞踊、歌唱指導などによる構成で開催された。そして同月二十二日にようやく入選者授賞式を兼ねた「国民進軍歌発表会」が日比谷大音楽堂で開催された（カバー掲載写真）。第一部は《国民進軍歌》の独唱・斉唱と歌唱指導、尺八演奏、体操、日本舞踊といった形での発表と陸・海軍軍楽隊による演奏、第二部は「明治・大正・昭和軍国歌謡絵巻」として三八曲が演奏され、当日は九〇〇〇人の観客を記録した。その後九月二十五日から三日間にわたり後述する「体練舞踊と合唱の夕」が日比谷大音楽堂で、続く同月二十六日には陸軍戸山学校音楽隊行軍で演奏されている。

演奏以外の普及施策としては、当時東京日日新聞社の嘱託であった江木理一により「国民進軍歌体操」が制定されたほか、同月二十一日からの松竹演芸部漫才大会、同月三十一日からの浅草の笑いの王国のレビュー「国民進軍歌」公演、九月十四日の「体育舞踊の夕」、同月二十一日からの新宿ムーランルージュなどの公演の中で《国民進軍歌》が演奏されるなど、演目に取り入れられていた。さらに独自の方策として注目されるのが、舞踊化であった。当初は尺八にあわせた舞踊が発表されていたが、九月五日には「体練舞踊」として新たに発表されラジオ放送されたほか、設立後初の取り組みとして「大日本舞踊連盟制定踊り」として日本舞踊の藤間《ふじま》、花柳《はなやぎ》、坂東《ばんどう》、若柳《わかやぎ》といった家元が協力一致して振付した「国民進軍歌踊り」を発表し、この伴奏として三味線編曲もなされた。

取り組みの評価

この東京日日新聞社による「国民愛唱歌の募集」は、同社（一九四三年一月に毎日新聞社に改称）の歴史をとらえたときにも、「歴史に刻む諸事業」のひとつとして次のように認識されていた。「国民の士気高揚をはかるため、本社はつぎつぎと国民歌謡の作詞、作曲を募集した。毎回、優秀な歌が生れて国民に愛唱された。敗戦によってすべては葬られてしまったが、当時の国民が、これらの歌を口ずさみながら肉親を戦場に送り、また窮乏の生活をこの歌とともに乗越えようとしたことは消し去ることはできない。当時東日・大毎が募集した歌は必ず流行するの定評を得たほどである」と評価し、特に「(《進軍の歌》《日の丸行進曲》《大陸行進曲》について）この三つの国民歌はいずれも大成功で驚くべき普及を見た」と整理する。そしてその集大成が「国民進軍歌」であり「おびただしい応募の中から『この陽この空この光』という格調高い名歌を生み出した。この歌も短期間のうちに日本全国に行きわたり、国民は競って愛唱した」（以上、引用は『毎日新聞百年史』）と総括していた。実際は後述するように《海行く日本》など楽曲公募は継続するのであるが、社史に見る限り戦前の楽曲公募はここで一端終息し、戦後にまた再開されたという道筋となっている。

読売新聞社の取り組み

東京日日新聞社や朝日新聞社ほど積極的な楽曲募集を実施していなかった読売新聞社であるが、こと一九四一年に限ってみると、実に活発な国民運動を展開していた。

一九四一年三月三日に発表された「『海国魂』の歌募集」は、「帝国海軍の威力を中外に宣揚すると共に〝浮城の精鋭〟に対し一億国民の心からなる激励の誠をいたすため……全国民とともに帝国海軍の栄誉を高らかに訴え、重大時局下に於ける海軍思想の普及を計らんとする」目的で、読売新聞社主催、海軍省・情報局・大政翼賛会《たいせいよくさんかい》後援で実施された歌詞懸賞募集であった。同月二十五日の締切までに四九〇六編の応募があり、当初予定より一週間遅れの同年四月九日に海老沼正男の入選と五つの佳作が発表された。同時に作曲が古《こ》関裕而《せきゆうじ》に委嘱され、曲名を《海の進軍》とすることが決定された。その後五月二日に海軍省撰定歌として曲譜発表とコロムビアでの録音が報じられた。ただし当初五節まであった歌詞は三節が大幅改訂され四節を削除し全四節の楽曲に変更されていた。楽曲は五月七日の「海軍省撰定歌『海の進軍』発表大演奏会」で「あの日揚がったZ旗を　父が仰いだ波の上……」で始まる「曲は短調だが、多分にグランド・マーチ風の四分の四拍子で、堂々たる艦船を表現した」（古関裕而『鐘よ鳴り響け』）曲が正式に発表された。発表会は日比谷大音楽堂で一万人超の聴衆を集めて、海軍軍楽隊の吹奏楽に続き、《海の進軍》発表演奏、歌唱指導と日本舞踊、愛国歌謡集演奏という構成で開催された。

《海の進軍》は、東京宝塚劇場花組公演「軍艦旗」のフィナーレでの東宝声楽隊の男性も加わった演奏や浅草の吉本楽劇隊でも取り上げられたほか、新興東京「くろがねの妻」

といった映画の挿入歌としても歌われた。さらに五月二十七日の海軍記念日を中心とする海軍週間では、読売新聞社主催、海軍省後援、軍人援護会東京府支部協賛により同月二十六日に後楽園球場で開催された「海軍記念日を迎える夕」での当選者賞品授与式で《海の進軍》演奏がメインのイベントとして演奏されている。

国民総意の歌

読売新聞社が戦時期に総力を挙げて取り組んだ「国民歌」は、《そうだその意気》であった。前述した『「海国魂」の歌募集」が発表されて間もない一九四一年三月二十一日に、「聖戦完遂国民総意の歌募集」が、外務・内務・大蔵・陸軍・海軍・司法・文部・農林・商工・逓信・鉄道・拓務・厚生の各省、企画院・情報局・大政翼賛会・日本放送協会の後援により発表された。その目的は「敵性国のわが銃後に伸びる諜報・宣伝・謀略の〝沈黙の挑戦〟は益々鮮烈を加えつつあり、若《も》し国民にしてこの〝秘密戦〟に敗れんか、わが同胞が大陸に大洋に血を以って進めつつある聖業交々《こもごも》も遂に空しき恐れあり、今こそ一億一心固く約束して断固この恐るべき秘密戦撃破の歩武を進めなければなりません……一億国民老若男女が朝夕高らかに唱和する如き平明にして而《しか》も神国に第一線の将兵と共に戦いつつある決意を全国民に促し得る画期的名作を切望」するものであった。このように、「国民総意の歌」は、全ての省と企画院、情報局、大政翼賛会という国家機関の相乗り後援による「官製国民歌」とでもいうべき性格の楽曲であった。

そうだその意気

このように官民挙げて大々的な募集が開始されたが、しかしながら同年五月十一日に発表された楽曲は、審査委員であった西條八十の作詞、作曲は古賀政男に委嘱された「なんにも言えず靖国の　宮のきざはしひれ伏せば……」で始まる四拍子イ短調の《そうだその意気》であった。公募による選定が出来なかったのである。発表紙上では、陸軍省防諜課の陸軍大佐・大坪義勢が「『聖戦完遂国民総意の歌』（仮称）は、実は『防諜の歌』なのである……我が忠勇なる将兵が大陸に大洋に尊き生命を捧げて聖戦の目的を完遂しつつあるこの偉大なる戦果に心からなる感謝の誠を捧げるとともに真の防諜思想を国民全部に徹底するため」と制定目的を述べた上で一等当選の該当作品がなかったことについて、「今度の応募作品を検討するに遺憾乍《なが》ら一等当選作品に該当すべきものがない、聞く所に依ると、これまでの一等当選には殆んど原作の面影なきまでに手を加えられて居るものがあるとのことである。私は斯《か》くの如きを最も悪《にく》む。これは日本の詩の発達を害するものであり、力なき作に賞を与えるが如きは真に国家的なやり方と認め得ないからである。かかる時弊を断然破って読売新聞社が今回の挙に出られたことは双手を挙げて心から賛意を表すると共に、一面現在の如き時勢に方《あた》り国民精神を十分に感奮高揚せしむべき詩の出で来らざるは誠に悲しむべき現象である」と総括していた。大衆の参加を促す公募という「運動」でありながら、それはあくまで「体裁」であり、制定される楽曲の完成度を重視した結果が《そうだその意気》の制定経緯にあらわれているのではなかろうか。

鳴り物入りで発表された《そうだその意気》は、五月十四日に「国民総意の歌『そうだその意気』発表会」、《海の進軍》当選者授与式を兼ねた同月二十五日の「海軍記念日を迎える夕」、七月の「事変記念大会」や「そうだその意気歌と踊りの指導の夕」といった読売新聞社主催のイベントで活用されたほか、花柳流舞踊講演会のほか数々のアトラクションのほか、警視庁や東京市による音楽挺身活動でも盛んに取り上げられていた。

世紀の若人

読売新聞社は立て続けに楽曲公募を主催していく。《そうだその意気》の発表間もない五月二十一日には、「大日本青少年団歌『世紀の若人』募集」が行われた。「将来国家の中堅となって活躍する青少年に肇国《ちようこく》理想の昂揚と世界史的転換期に処する総力戦士の一員たる重責を強調せんとする」目的で実施された募集は、大日本青少年団と読売新聞社の主催、文部省の後援で実施された。六月二十二日に五九一三編の応募の中から、福田伝吉の当選が発表、作曲はキングレコード専属作曲家の社内コンクールとなり八月三日に発表された。作曲の選考は、一五名の作曲家から二四作品が寄せられ、大日本青少年団、日本放送協会、文部省、読売新聞社、西條八十による審査が行われ、最終的に林伊佐緒の作品が選ばれ「くれない燃え立つ　いのちのあけぼの……」と四拍子ト長調の朗々と歌い上げる曲が発表された。また発表と同時に、文部省検定認可、レコード発売、舞踊体操の発表も行われ、早速普及施策が実施されていた。楽曲は、同月十日開催の「『世紀の若人』音楽大会」で正式に発表されている。

制定の経緯

これら読売新聞社の取り組みについては、同社企画部長でもあった音楽評論家の吉本明光自身「この歌（引用者注・《そうだその意気》）の企画者である。り推進者は周知の通り防衛総司令部参謀大坪義勢大佐（企画当時は陸軍省防衛課員）である。そして大坪中佐から依頼のあった時に『そうだその意気』は如何なる性格形態を持つべきかに就いて慎重研究したのであった」（前掲「国民歌を環って」）と述べていることから、「国民歌」制定による国民運動への取り組みに消極的であった読売新聞社に対する「上から」の圧力が「国民総意の歌」募集主体という形であらわれたと推測される。まさに読売新聞社独自の企画というより陸軍省からの依頼で公募を行ったのが実態であった。このような上からの積極的な楽曲制定や普及への関わりは、作曲者・古賀政男の「コロンビア《ママ》のスタジオに軍の幹部、会社の重役、部長、詩人、新聞記者がずらりと取り囲んだ。その中で私はピアノに向かった。聞き終わると軍人は、『軟弱だ。戦意を高めるどころか、なんだ悲しくなるじゃないか』『私は、心を打ち込んで作曲したつもりですが、この詞にはこの曲しか作れません。気に入らなければ、他の人に頼んでください』とまでいった。だがけっきょくこの曲は採用された」（古賀「思い出の記」）という回想からもうかがえる。古賀は五月十一日付け楽曲発表の紙上では「結局平易であって力強いリズムにより国民の誰の心にも浸みこんで感情の底から奮起さすような作曲を努力しました」とも述べていることからも、せめぎあいの中で、楽曲に寄せる意志は一貫していたことが見て取れる。

このような経過で制定された《そうだその意気》は、後述するように厚生運動などの国民運動で活用され普及していくことになるのであった。

宝塚少女歌劇団から宝塚歌劇団へ

意図的に作られた「国民歌」の普及には、レコードのみならず宝塚少女歌劇団、松竹歌劇団や古川ロッパ一座など、レビューや演劇の興行団体が大きく貢献していた。特に宝塚少女歌劇団は、宝塚大劇場や一九三四年に開業した東京宝塚劇場での歌劇公演において、これらの楽曲を取り入れていたが、一九四〇年になると歌劇公演と併行して、歌唱指導や慰問を目的とした移動文化運動にも本格的に参入していくのであった（戸ノ下達也「宝塚歌劇と『国民歌』」、津金澤聰廣・近藤久美編『近代日本の音楽文化とタカラヅカ』世界思想社、二〇〇六年所収）。

華やかなレビュー公演を展開していた宝塚少女歌劇とて、戦時体制の波に抗うことは不可能で、日中戦争期には演目にも社会状況が反映される。やがて公演のみならず、挺身活動や慰問活動、女子挺身隊としての勤労動員といった、本来宝塚歌劇の目差していた方向とは異なった、戦時期特有の活動が前面に押し出される。一九四〇年七月には大日本国防婦人会宝塚少女歌劇分会発足、九月『宝塚グラフ』『歌劇』廃刊、宝塚少女歌劇音楽奉仕隊発足、十月宝塚少女歌劇団を宝塚歌劇団と改称、さらに宝塚少女歌劇音楽奉仕隊が宝塚唱舞奉仕隊に改称と続く一連の動向は、それまで見られなかった社会状況を宝塚歌劇団の組織体制や活動に反映させたものと考えられる。

宝塚歌劇団の新たな活動

「国民歌」普及の観点から宝塚歌劇を見てみよう。まず指摘できるのは、発表演奏会への出演であった。一九三七年の《進軍の歌》発表演奏会など、スポットでの出演は従来にも見られたが、一九四〇年には立て続けに発表演奏会に出演しており、一九四〇年五月十日に阪急西宮球場で開催された「『防空の歌』発表会」に花組生徒と研究科生の総勢七〇名が出演し《少年戦車兵の歌》等を演奏（『宝塚年鑑』昭和十六年版）、同年七月二十七日に阪急西宮球場で開催された「『興亜行進曲』発表会」には、花組と月組の生徒が出演している（前掲『宝塚年鑑』）。日中戦争期になって劇場公演でも時局を反映した演目が増えていたが、この時期には「国民歌」を公演のメインに据えることもあった。たとえば一九四〇年九月の宝塚大劇場月組公演と同年十一月東京宝塚劇場月組公演は、航空三十周年記念・陸軍航空本部後援『航空日本』であり、公演プログラムにも《航空日本の歌》歌詞が掲載されている。この公演は、防空や少年飛行兵、落下傘部隊などのテーマを断片的にオムニバス形式で紹介することにより思想普及を図る目的のレビューであったが、結びは陸軍軍楽隊作曲の行進曲《大日本》による日の丸を中心とした勇壮なバレーの後、出演者全員による《航空日本の歌》合唱と体育舞踊でフィナーレとなった（『宝塚歌劇脚本集』昭和十五年十一月東京宝塚劇場月組公演）。また一九四〇年十一月の宝塚大劇場雪組公演では、銃後を守る女性をテーマとした宝塚国防婦人会結成記念『銃後の合唱』が上演されたが、この公演のフィナーレでは《国民進軍歌》が演奏されている（『宝塚歌劇脚本集』昭和十五年十一月宝塚大劇場雪組公演）。

さらに宝塚歌劇団は、「国民歌」による歌唱指導や慰問を目的とした挺身活動を一九四

図13　宝塚唱舞奉仕隊の風景（『宝塚年鑑』昭和17年より）

〇年から本格的に開始した。株式会社東京宝塚劇場は、東宝移動文化隊を組織して移動文化運動に参画していたが、その活動にあわせ一九四〇年九月に宝塚少女歌劇団雪組と花組生徒により宝塚少女歌劇音楽奉仕隊を組織した。その最初の活動は、九月二十七日から十月二十四日まで京浜地区の工場七ヵ所等における体操指導と歌唱指導であったが、その際に歌唱指導曲として取り上げられたのが、《航空日本の歌》と《国民進軍歌》であった。これらの楽曲は、前述した宝塚少女歌劇音楽奉仕隊での歌唱指導のほか、一九四〇年十月二十五日に音楽奉仕隊が改称して宝塚唱舞奉仕隊となった後も、歌唱指導や慰問演奏などの場においいて、主要なレパートリーとして歌われていたのであった。

大政翼賛の歌

一九四〇年は、日中戦争の長期化という閉塞状況の中で、国内の政治や経済、文化領域における体制の一新であるとか、紀元二千六百年奉祝という国家イベントへの取組みが推進され国民の教化動員体制が構築された年でもあった。大政翼賛会は、国民教化や統合の手段として広く文化領域にも積極的に関与することとなるが、発足早々の一九四〇年十一月二十一日に「翼賛運動を謳歌し国内新体制の確立、大東亜共栄圏建設に挺身邁進せんとする国民の盛り上る意味と熱を示す」目的で「大政翼賛運動の歌」歌詞募集を発表した。募集の結果、一九四一年一月に山岡勝人の作品が当選、続いて作曲の募集が行われ、三月に鷹司平通の作品が当選し、はれて「両手を高くさし上げて　我ら一億心から……」と歌いだす二拍子ト長調の豪快明朗な《大政翼賛の歌》として発表された。なおこの楽曲は、産報主催で一九四一年九月に開催された全国勤労者音楽大会の合唱の課題曲になっている。

大政翼賛会の関わり

翼賛会は、国民教化の手段として音楽を積極的に活用していく。発足早々には、厚生省の外郭団体であった財団法人中央協和会と国民精神総動員本部が主催して一九四〇年十一月に発表された「国民協和の歌」歌詞募集にも協力し中央協和会・大政翼賛会作詞、橋本國彦作曲で「世紀の空に光りさす　大建設の朝ぼらけ……」と歌いだす四拍子変イ長調の勇壮な《国民協和の歌》を発表していた。

続く一九四一年十月には、「興亜民族大会に使用して大東亜建設に提携協力する東亜各民族の士気を昂揚する」ために「興亜大行進曲」制定を手がけた。この楽曲制定では情報局、興亜院、大日本興亜連盟、日本放送協会などの協力を得て、翼賛会の東亜局、宣伝部、文化部が主体となって、まず八月十三日に翼賛会と大日本詩人協会、全日本女性詩人協会、日本詩曲連盟、日本放送協会による打合会が開催され、詩人達に対し歌詞を献納させることを決議した。作詞作曲については、賞金をかけて日本放送協会が委嘱を行い、同年十一月九日に谷口隼人の作詞、飯田信夫の作曲による「雲と湧くアジヤの力　十億の自覚の上に……」と歌いだす四拍子ト長調の明るく勇壮な《アジアの力》が発表された。

このように、翼賛会は「国民歌」を用いた国民教化動員に積極的に関わっており、その姿勢は、楽曲制定のみならず国民運動の推進など、アジア・太平洋戦争期になっても一貫して継続していく。大政翼賛会の音楽への関わりは、文化領域の新体制運動として音楽界の再編などで動きが見られたが、これら文化領域への関与は、主に大政翼賛会文化部について中心に論じられてきた。しかし《大政翼賛の歌》は大政翼賛会宣伝部が行った事業であり、後述する国民運動も宣伝部が主体であったことにも見られるように、「国民歌」による国民教化を考える際には、大政翼賛会宣伝部の意識と動向を注視する必要がある。

厚生運動での「国民歌」

本章で言及した「国民歌」や大衆歌謡は、大衆の動員や娯楽としての役割に止まらず、国民運動のみならず、前線や病院などの巡回による慰問などでも活用されていたが、日中戦争の膠着状態や新体制運動の展開が見られた一九四〇年頃になると、国民教化動員や国策宣伝のための国民運動が本格化しはじめる。その典型が厚生運動であり、その運動で本格的に実施されたのが「健全な国民歌」を歌いながら指導する歌唱指導や、実演による移動音楽運動であった。

欧米の「レクリエーション運動」の勃興は、日本においては日中戦争期になって「体位向上運動」として展開されていたが、一九三八年一月の厚生省創設、オリンピックの東京招致決定等の動きに連動し、同年四月に厚生省の外郭団体である日本厚生協会が設立されるに及び、厚生運動が本格的に展開していくこととなる。その主体となったのは、東京市のような地方公共団体や警視庁であり、やがて一九四〇年に入ると、大政翼賛会や大日本産業報国会（以下「産報」と略す）も主たる担い手として参入してくる。特に産報の活動は、性格を微妙に変えながらも敗戦に至るまで継続していくことになるのであった。

厚生産業音楽巡回指導

厚生運動で「国民歌」の活用が大々的に行われたのが、一九四一年二月から三月にかけて警視庁と東京地方産業報国会によって行われた厚生産業音楽巡回指導であった。この二ヵ月は試行期間として約一〇事業所を巡回し、四月からは産業体育指導者講習会で《そうだその意気》の歌唱指導、九月六日の第一〇回産業体育大会での《そうだその意気》《我は再び銃執らん》《国民進軍歌》の歌唱指導と講演の開催といったように、段階的に大きなイベントで「国民歌」を活用することとなった。

これらの実績をふまえて、同年十月二十日には、警視庁保安衛生部長と特別高等警察部長名で各警察署長宛てに「産業慰安音楽巡回指導会実施ノ件」が、また同日付けで東京産業報国会長名で、各東京産業報国会支部長宛てに「産業厚生慰安音楽巡回指導会実施ノ件」が発令された。「臨戦体制下産業人ノ厚生並産業報国精神昂揚ノ一端トシテ特ニ防衛総司令部ヨリ申越モ有之《これあり》東京産業報国会ニ於テハ警視庁後援ノ下ニ左記ニ依リ産業厚生慰安音楽巡回指導会ヲ実施シ国民総意ノ歌『そうだその意気』其他ノ指導ト慰問独唱ヲナシ産業人ノ情操淘汰、能率増進ト厚生ニ資セシムル」という目的で合計九六回開催された指導会では、レコード会社六社等から延べ五二名の歌手と一三名の伴奏者が参加し、《そうだその意気》《世紀の若人》《大政翼賛の歌》《アジアの力》《進め一億火の玉だ》《産業戦士の歌》《空襲なんぞ恐るべき》《なんだ空襲》のほか五曲を歌唱指導した。

ちなみに慰問演奏された曲のうち、参加者が「歓声をあげて悦ぶ曲」としてあげられていたのは、《荒城《こうじょう》の月》《宵待草《よいまちぐさ》》《暁《あかつき》に祈る》《紅《あか》い睡蓮《すいれん》》《めんこい仔馬》《荒鷲《あらわし》の歌》《髯《ひげ》に未練はないけれど》《上海《シャンハイ》の花売娘《はなうりむすめ》》《広東《カントン》の花売娘》《麦と兵隊》《九段の母》《愛国の花》などの愛唱歌や大衆歌謡であったことは、大衆の音楽に求める心情を垣間見る注目すべき結果であろう（「厚生音楽巡回指導会の現地報告」『国民の音楽』一九四二年三月）。

運動の評価

これら「国民歌」による歌唱指導を中心とした企画は、「非常に歓迎し、最小の時間にて職場に最大の潤いと慰安と明朗融和を与え、巡回指導の日を一週間も前より楽しみに待ち仕事の能率も上がり非常な好結果を得た」と総括される一方で、「林伊佐緒君が歌唱指導する直前、産業戦士の間で『ナンダ歌をうたうのはヲスばかりか』と落胆したという。この話しはその後十二月十六日に第二回の巡回指導をした後で聴いたのだったが、どうりでこの時ポリドールの田端義夫君についで藤原千多歌君が姿を現した時に満場ワーッと歓声をあげて歓迎した。どうも歓声が大きすぎたと思ったが、それは『ヤア今日はメスも来た』と悦んだのであった」といった聴衆の反応や、出演者にも立居振る舞いといった態度が問題の「二名だけ遺憾な女性歌手があった」といった実態が報告（前掲「厚生音楽巡回指導会の現地報告」）されているように、その目的と実態の乖《かい》離《り》が常に問題となっていたことを窺い知ることができよう。

この時期、「歌」は情緒や郷愁、心情などが込められた大衆歌謡が主にレコードや映画などで広まり、大衆に受け入れられていた。レコード検閲の倣《なら》いを見ても大衆歌謡の位置付けは明白であろう。国家権力をもってしても大衆歌謡の「根絶」は得策でないと判断されていたのである。そこで教化動員や宣伝のため大いに創作されあの手この手で普及させられていたのが「国民歌」であった。日中戦争期はイベントは記念行事に連動しながら、これまで見て来たようにメディアが国家機関や軍と連携し（させられ）た「国民歌」制定が本格化し、公募では大衆の参加による挙国一致の意識を共有し動員しながら意識昂揚をはかることが日常化したのであった。

アジア・太平洋戦争期の「国民歌」

みたみわれ

勝利の凱歌

本章では、一九四一年（昭和十六）十二月八日の真珠湾攻撃による日米開戦から一九四五年八月十五日の玉音放送から翌月二日の降伏文書調印により敗戦を迎えるまでのアジア・太平洋戦争期について、時間の流れに即して「国民歌」をめぐる諸相を見ていきたい。「日中戦争期の『国民歌』」の章では、主に楽曲を創作する側のメディアを切り口としてその特徴を概観したが、本章では社会や戦局の推移に即して音楽がどのように活かされていたのかを主眼に見通したい。

日米開戦は、膠着状態となっていた日中戦争が、さらに東南アジア地域をも巻き込んだ総力戦へと発展していく契機となった。その後、一九四二年（昭和十七）一月のマニラ占領、二月のシンガポール占領、三月のラングーン（ヤンゴン）やジャワ占領など　南方戦線での緒戦の勝利が続いたこの時期は、日本軍の戦略的攻勢の時期と位置付けられる。この時期の楽曲は、勝利あるいは皇軍讃歌の一方で、国民意識の昂揚や統一を意識したものも多く量産されていた。

日本放送協会のニュース歌謡

日米開戦を真っ先に表現した音楽は、日本放送協会のラジオ放送による「ニュース歌謡」であった。ニュース歌謡は、大勢の国民が心に留めるような大きな事件が報じられた際に、日本放送協会が放送局に待機させた作詞・作曲家にその場で楽曲を創作させ、放送するもので、開戦に即応し十二月八日に《宣戦布告》（作詞・野村俊夫、作曲・古関裕而《こせきゆうじ》）を放送、同月九日《皇軍の戦果輝く》（作詞・野村俊夫、作曲・古関裕而）と《タイ国進駐》（作詞・島田磬也、作曲・山田榮一）、同月十日《長崎丸の凱歌》（作詞・島田磬也、作曲・細川潤一）《フィリピン進撃》（作詞・勝承夫、作曲・山田榮一）などが立て続けに電波に乗った。その後一九四二年三月までに十数曲のニュース歌謡が放送されたが、この時期は、日本軍の勢力拡大の戦果に連動した題材が事欠かない時で、十二月二十五日《香港陥落》、翌年一月《マニラ陥落》、翌月《シンガポール陥落》、三月十一日《蘭印降伏》などのニュース歌謡が発表された。特に十二月十日に高橋掬太郎の作詞、古関裕而の作曲により放送された「滅びたり滅びたり　敵東洋艦隊は……」と四拍子へ長調で力強く謳いあげる《英国東洋艦隊潰滅》などは最も広く知られたニュース歌謡のひとつであろう。これは、ラジオ放送された後さらに、古関裕而のメロディーにサトーハチローが新たに作詞をして《断じて勝つぞ》としてレコード発売されたことや、戦後オリジナル作品が改めてレコーディングされたことも記憶に残る要因であったのかもしれない。

ニュース歌謡は、あくまでも「ニュースに取材せる歌謡」であり「漠然とした時局や抽象的な一般時事を対象とするものではなく、飽迄も特定の具体的な事件を取扱ったもの」と考えられていた。即時性、広域性をもった媒体であるラジオ放送は、このようにその時々に起きた事象をいかに早く伝播させていくかが重要な役割であったが、ニュースに音楽を取り入れた最大の理由は「直接大衆の心理に刻印を与える様な特定の事件に取材するものに於ては雰囲気というものが如何に重要であるかは右によっても明らかであろう」（丸山鐵雄「ニュース歌謡と放送」『放送』一九四二年十一月）と整理されていることからも見えてくる。まさに日本軍の攻勢に乗じた士気昂揚を目論んだ音楽の利用であった。

東京日日新聞社の「開戦景気」

この時期、活字メディアも当然のように日米開戦という挙国一致の「好期」に敏感に反応し、開戦をテーマとした楽曲を公募した。

最初に実施された楽曲公募は、一九四一年十二月九日に発表された東京日日新聞社・大阪毎日新聞社による「興国決戦の歌」歌詞募集である。同月十三日に伊藤豊太の詩が入選となり、十九日には海軍軍楽隊の作曲により、晴れて「起つやたちまち撃滅の　勝鬨《かちどき》あがる太平洋……」と歌いだす四拍子ト長調の豪快な《大東亜決戦の歌》として楽曲が発表された。開戦後一〇日余りで新たな公募楽曲を発表した東京日日新聞社と大阪毎日新聞社のスピード感は、まさに日中戦争の際の《進軍の歌》公募を彷彿《ほうふつ》させる。同社は、さらに一九四二年四月十五日に海務院と共同主催、海軍省・農林省・文部省・情報局後援で「わが国民の海洋制覇の意気を振起、作興せしめる剛健にして軽快なる歌詞にして、集会、行進をはじめあらゆる勤労作業等の場合にも広く唱和し得る」目的で「七洋制覇の歌」の歌詞募集を開始した。五月二十七日に池田誠一郎の「海行く日本」の入選と、作曲募集が発表された。そして七月十五日に細川武夫の曲が入選となり《海行く日本》として発表された。ちなみに、細川は「唱和すべき『国民歌』とは」の章で言及した《日の丸行進曲》の作曲でも入選実績がある。

東京日日新聞社・大阪毎日新聞社は、楽曲公募以外にも、一九四二年三月に行進曲を思わせる二拍子ト長調の《ハワイ海戦》を制定した。これは「特別攻撃隊」顕彰のため「千古不滅の『ハワイ海戦』を永久に偲び士気昂揚に資する」目的で、作詞を佐佐木信綱《ささきのぶつな》、作曲を海軍軍楽隊に委嘱したもので、音楽による意識昂揚の取り組みが継続していた。

読売新聞社の「開戦景気」

楽曲公募を国家イベントと連動し（させられ）て実施していたのが、読売新聞社であった。読売新聞社の最初の取り組みは、真珠湾攻撃とマレー沖海戦という開戦初頭の勝利を祝う楽曲制定であった。同社の委嘱を受けた北原白秋《きたはらはくしゅう》は一九四二年一月一日に「布哇《ハワイ》大海戦」と「マレー沖の凱歌」の二つの詩を発表した。そして作曲が海軍軍楽隊に委嘱され、同月十七日に《ハワイ大海戦》と《マレー沖の凱歌》の作曲完成が報じられ、同月二十六日に発表演奏会が開催された。

読売新聞社による楽曲公募は、国家イベントでの宣伝に密接に連動していた。その典型が、「特別攻撃隊を讃える歌」歌詞募集であった。その成果として一九四二年四月に発表されたのが《特別攻撃隊》であり、特別攻撃隊の中で階位が最上位であった岩佐大尉（戦死後中佐に特進）をうたった《軍神岩佐中佐》であった（詳細は後述）。

さらに読売新聞社は公募だけでなく自社の委嘱による楽曲制定による国策宣伝を行って

いた。一九四二年二月に発表された「ひとたび起《た》てば電撃に　微塵と砕く真珠湾……」と歌いだす四拍子ハ長調で朗々と歌いあげる《十億の進軍》は、陸軍省・海軍省・防衛総司令部・情報局・大政翼賛会・日本放送協会の後援で「シンガポール攻略の国民的感激を謳い前線将兵に対する感謝の誠を捧げるとともに、新東亜建設に対する国民不動の決意を新たにする」目的で作詞を時雨音羽《しぐれおとわ》、作曲を林伊佐緒《はやしいさお》に委嘱して制定された楽曲であった。

朝日新聞社と献納

日米開戦時の朝日新聞社は、公募ではなく委嘱して創作した楽曲を献納という形で公にしていた。佐藤惣之助作詞・古関裕而作曲《大東亜戦争陸軍の歌》や河西新太郎作詞・橋本國彦作曲《大東亜戦争海軍の歌》がそれである。これらの楽曲は、朝日新聞社が作詞・作曲を委嘱（《大東亜戦争海軍の歌》作詞は公募）して新たに楽曲を創作し、《大東亜戦争海軍の歌》は海軍省に、《大東亜戦争陸軍の歌》は陸軍省にそれぞれ献納した。

アジア・太平洋戦争期には、このように公募や委嘱等により新たに創作した楽曲をメディアや団体などが陸軍や海軍に「献納」する事例が多々見られた。楽曲の献納は、献納する側が、楽曲の創作に関わる費用や手間を「負担」することにより国策協力をアピールする狙いがあり、また献納される側は、演奏や出版、録音などに関わる著作権等の権利を全て得ることにより楽曲を自由に使えるメリットがあった。ちなみに楽曲の「献納」のみならず、献金目的の演奏会や音楽関係者を対象とした募金により戦艦や戦闘機を「献納」するといった動きも見られた。一九四三年十二月に始まった軍用機「音楽号」献納運動は翌年五月末までの予定で募金や演奏会収益の献金を募っていたが、結局七月末まで延長されて一〇万七四一一円七七銭を社団法人日本音楽文化協会から陸軍大臣に献納した。そして一九四四年十一月十五日に歌舞伎座で命名式が開催され、晴れて「愛国第四九八三（日本音楽文化協会）号」と命名された。

日米開戦から翌年四月頃までの、日本軍の戦略的攻勢の時期における「国民歌」は、もちろんここで言及したニュース歌謡や新聞社による楽曲募集や制定等で生れた楽曲だけではなく、特に真珠湾攻撃やシンガポール陥落のほか、特別攻撃隊を讃えるあまたの楽曲が発表され、レコード発売されていた。日米開戦と緒戦の勝利は、音楽においても浮き足立つ社会情勢を反映していた。もっともそれらの楽曲は、全てが勝利の凱歌であったわけではなく、民意の弛緩に注意を促すような楽曲もあった。

大政翼賛会の楽曲制定

大政翼賛会が発表した楽曲は、一九四一年十二月十日に発表された《進め一億火の玉だ》であった。大政翼賛会宣伝部は、開戦を契機として「全国民が真に合言葉として一億の烈烈たる決意を一丸として結集し外敵に体当たりして総力を発揮する」ために「屠《ほふ》れ米英われらの敵だ」「進め一億火の玉だ」「見たか戦果知ったか底力」「この一戦何がなんでもやり抜くぞ」という四種類の「決戦スローガン」を発表し、国民意識の締め付けと教化を働きかけていた。この「決戦スローガン」に呼応する形で「一億は翼賛の大道に勇往邁進《まいしん》し、揺るぎなき国防銃後を建設する」ために制定されたのが《進め一億火の玉だ》であった。《進め一億火の玉だ》の「行くぞ行こうぞぐわんとやるぞ　大和魂だてじゃない……」とうたう歌詞にはこれら「決戦スローガン」がちりばめられ、長妻完至作曲の四拍子イ短調の悲壮感あふれるメロディーが、悲痛な叫びとして国民の団結を促しその

図14　「進め一億火の玉だ」楽譜書影

不退転の決意表明を表現する結果となった。翼賛会の「国民歌」制定による教化動員は、その後も継続し翌年一月になると第二弾として《戦い抜いて勝ち抜いて》が制定された。これは「大詔の大御心《おおみごころ》を奉戴しあの日の感激を固く胸底に刻んで戦勝街道を驀進《ばくしん》する」ために大政翼賛会宣伝部作詞・明本京静の作曲で一九四二年一月二十一日に発表された。

大詔奉戴

この時期に、翼賛会が注力した国民運動が「大詔奉戴日《たいしょうほうたいび》」への取組みであった。一九四二年一月二日に内閣告諭として発表された大詔奉戴日は、「大東亜戦争完遂のため必勝の国民士気昂揚に重点を置き健全明朗なる積極面を発揮すること」のために、翼賛会は詔書奉読、必勝祈願、国旗掲揚、職域奉公を実施項目とする「大詔奉戴日実施要綱」を発表した。その結果、従来毎月一日を興亜奉公日としていたものが毎月八日の大詔奉戴日に改められ、この実施要綱のもと毎月八日に国民意識昂揚のための運動が展開された。

この第二回大詔奉戴日（一九四二年二月八日）に発表されたのが、《大詔奉戴日の歌》であった。これは「大詔奉戴日に国民が斉しく唱和し戦い抜こうの決意と覚悟を昂揚する」ために翼賛会が作詞を尾崎喜八、作曲を信時潔《のぶときききよし》に委嘱して制定した楽曲で、同日開催された「大詔奉戴国民大祝賀合唱会」で「天《あま》つ日の　光と仰ぐ大詔《おおみこと》……」と歌いだす四拍子ホ長調の厳粛な曲が発表された。さらに翼賛会宣伝部は、《大詔奉戴日の歌》の行進曲への編曲を海軍軍楽隊に委嘱し、一九四二年五月二十日に行進曲《大詔奉戴》を発表するなど、国民運動推進の手段として音楽を利用していたのである。

このような翼賛会によって制定された楽曲の活用事例として、宝塚歌劇団の取組みを指摘しておきたい。一九四二年一月宝塚大劇場雪組公演での大政翼賛会宣伝部構成・翼賛譜『この感激を』は、《戦い抜いて勝ち抜いて》《大政翼賛の歌》のほか《大日本の歌》といった「国民歌」と翼賛会が制定した標語である「決戦生活訓」により構成されたステージであった。これは、まさに翼賛会の意図する国民の日常生活を国策に見合った方法に教化していくための取組みであり、そこで音楽が効果的に用いられていたのであった。

特別攻撃隊・九軍神

真珠湾攻撃以降、東南アジア地域への拡大を企図した攻勢は、一九四二年五月頃までの一時的な優位であったが、この時期にあって戦勝や勢力拡大を唱導する動きと併行して、国民意識の引き締めを促すイベントも実施されていた。その典型が、一九四二年三月の真珠湾特別攻撃隊の戦死発表と翌月の海軍葬であった。

攻撃自体は一九四一年十二月十八日に大本営海軍部から発表されていたものの、その詳細は一九四二年三月六日の大本営発表まで公にされなかったが、この日の大本営発表により九軍神として大々的に報道された。九軍神については「普通の若者たちが自己のエゴイズムを押し殺し、最初から死を覚悟して集団で作戦を遂行することで九名は軍神となった。明治の軍神は模倣しにくいのに対して、九軍神は誰でも覚悟さえできれば似た行動をとれるはずである。九軍神とその母親は、日本の男性と女性それぞれに対して、現下の戦争で実践すべき自己犠牲の模範を示す存在となった」（山室建徳『軍神』中央公論新社、二〇〇七年）と位置付けられる。

読売新聞社の歌詞公募

その九軍神の海軍葬の合同葬儀にあわせて公募されたのが、前述した読売新聞社による「特別攻撃隊を讃える歌」の歌詞公募であった。「想うだに切々心を嚙む九勇士の尽忠を讃えると共に、九勇士の心を一億同胞の心として大東亜戦を勝ち抜く国民の決意昂揚に資したい」という目的で三月七日に歌詞募集が、また同月二十二日には作曲を東京音楽学校に委嘱することが発表された。そして四月八日に八九七三編の応募の中から、本間一咲の作詞入選と曲譜が同時に発表され、「撃ちてしやまむ　ますらおに　なんの機雷ぞ　防潜網……」と歌いだす四拍子イ長調の荘厳な曲調の読売新聞社撰・東京音楽学校作曲《特別攻撃隊》が完成した。

この楽曲は、四月八日に日比谷公園葬儀場で行われた合同海軍葬に続いて日比谷公園音楽堂で開催された「『特別攻撃隊』歌曲発表会」で発表された。ちなみに読売新聞社は、《特別攻撃隊》歌詞公募にあわせ、委嘱して読売新聞社撰・東京音楽学校作曲《軍神岩佐中佐》を自社で制定し、「『特別攻撃隊』歌曲発表会」で発表すると共にラジオ放送で活用していた。ちなみに九軍神をテーマとした楽曲としては、前述した東京日日・大阪毎日新聞社による《ハワイ海戦》のほか、北原白秋の作詞、海軍軍楽隊作曲による《ハワイ大海戦》といった楽曲も発表されている。

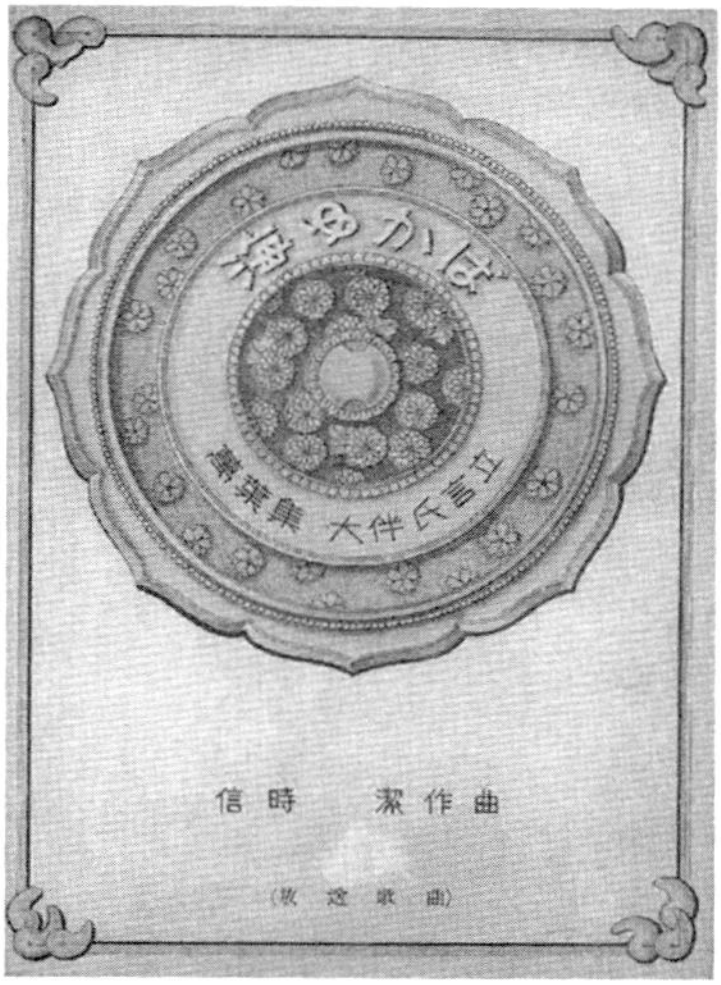

図15 「海ゆかば」楽譜書影
（教育資料会発行）

鎮魂歌としての《海ゆかば》

九軍神のイベントは、ラジオ放送においても新たな音楽の活用を導き出していた。日本放送協会は、一九四二年三月六日に真珠湾特別攻撃隊戦死の大本営発表を報道したが、その番組の冒頭に《海ゆかば》を演奏した。従来、ラジオ放送の報道番組のテーマ音楽は、大本営発表では、陸軍の戦果発表の際は《分列行進曲》、海軍の戦果発表の際は行進曲《軍艦》、陸・海軍共同の場合は《敵は幾万》であったが、真珠湾特別攻撃隊の報道では《海ゆかば》が放送された。これは《海ゆかば》が戦死や玉砕の報道放送のテーマとして最初に用いられた事例となった。

日米開戦後、最初に《海ゆかば》がラジオ放送で活用されたのは、一九四二年一月八日の大詔奉戴日を記念して放送された「あの朝の感激を」の冒頭であり、「戦争への決意をうながすもの」という国民精神涵養《かんよう》や意識喚起としての活用がなされていたが（竹山昭子『史料が語る太平洋戦争下の放送』世界思想社、二〇〇五年）、この特別攻撃隊報道は、《海ゆかば》に「戦死や玉砕のテーマ」という特殊な鎮魂《ちんこん》の意味付けを決定的にしたと考えられる。以降、たとえば一九四三年四月二十四日放送の山口多聞・加来正男提督の最後を語る大本営海軍報道部課長・平出英夫の講演「提督の最後」のエンディングでの日本放送交響楽団の演奏や山本五十六《やまもといそろく》戦死報道での演奏などにより、玉砕報道のテーマとして《海ゆかば》の演奏が定着し、戦後に至るまで鎮魂の意味を持った楽曲として聴取者の脳裡に刻印されるのであった。なお《海ゆかば》は、一九四二年十二月に大政翼賛会によって「国民の歌」に指定され、翼賛会関係の会合や町内会や隣組《となりぐみ》常会などでの歌唱が指導され国民意識の発揚に利用されていた。

東南アジア地域への勢力拡大

真珠湾攻撃以降のアジア地域への戦力圏の拡大は、華々しい勝利の報道とともに国民意識昂揚や宣伝のための音楽を量産することとなった。これらの戦果の中で、特に国民の関心が高く影響が大きかったのがシンガポール占領であった。たとえば、コロムビアからは《シンガポール晴れの入城》(作詞・野村俊夫、作曲・古関裕而)、《陥《おと》したぞシンガポール》(作詞・西條八十、作曲・古賀政男)、ビクターからは《星港《シンガポール》撃滅》(作詞・佐伯孝夫、作曲・高木東六)、《シンガポール陥落の歌》(作詞・勝承夫、作曲・深海善次)などが発売され国威発揚を支援していた。

またラジオ放送では、一九四二年二月二十八日の二部構成による記念祝賀番組で歌謡が放送されるなどの活用がなされていた。また演奏会にも戦捷祝賀の気運がみなぎっていた。一九四二年二月十六日に東京市と東京日日新聞社の共催で開催された「シンガポール陥落記念・戦捷演奏会」、同日の軍人援護会東京府支部と読売新聞社の共催による「大東亜戦軍歌大会」、同月十八日には東京市と朝日新聞社の共催で「戦捷第一次祝賀大東亜戦争士気昂揚大音楽行進」、音文・東京日日新聞社・松竹の共催で「第一次戦捷祝賀大音楽会」、全国蓄音器レコード製造協会・東京宝塚劇場・都新聞社の共催で「皇軍感謝大会」などの大規模な演奏会が立て続けに開催され、本章で取り上げた楽曲を中心としたプログラムで戦捷気運を盛り上げていた。これらシンガポール陥落に連動した数々の企画に見られるように戦略的攻勢の時期において、その絶頂期であったのがこの頃の状況であった。

国民運動団体の動向

アジア・太平洋戦争期においても、国策遂行や宣伝のため国民運動団体による音楽の活用が見られた。日中戦争期に設立された組織としては、一九三八年設立の日本厚生協会、一九四〇年三月設立の農山漁村文化協会、同年十一月発会の産報、一九四〇年設立の日本文学報国会、一九四一年六月発会の日本移動演劇聯盟、同年十一月発会の日本音楽文化協会などがあげられる。これらの組織は、アジア・太平洋戦争期になるとそれまで以上に音楽を活動の中に取り入れ、「国民歌」の制定や普及に参画していく。

特に勤労者文化運動の観点からは、工場などの事業所の福利厚生や厚生運動の担い手として発会した産報の活動が重要である。たとえば産報は、一九四一年から一九四三年まで毎年九月から十月にかけて勤労者音楽大会を開催し、主に合唱と吹奏楽により職場の厚生運動として音楽を重視していたし、後述するような「国民歌」の創作にも関わっていた。一九四一年十二月の創立総会、翌年二月の発会式により発足した社団法人日本少国民文化協会は、発足当初から協会内に設けられた音楽部会や蓄音器レコード部会により、音楽を積極的に取り入れた。たとえば発足と同時に日本少国民文化協会作詞・作曲による《日本のあしおと》を発表するなど、以降少国民向けの楽曲制定やイベント、レコード選定などに取り組んでいく。

屠れ米英

膨張した日本軍の勢力圏は、一九四二年六月のミッドウェー海戦を機に大きな転換点を迎えた。その後一九四三年五月のアッツ島玉砕に至る時期は日本軍の戦略的守勢の時期と考えられる。

朝日新聞社の「国民歌」

この時期の「国民歌」は、それまでの国威発揚や宣伝を目的としたものではなく、国民教化動員を目的とした意識昂揚を促すものが主体となっていて、募集主体も、メディアよりもむしろ官製国民運動団体などの組織によるものが多くなっていた。

一九四二年六月に行われた朝日新聞社による「勤労報国隊歌」歌詞懸賞募集は、厚生省・文部省・情報局・職業協会・大日本産業報国会の後援で「勤労報国精神を一層昂揚するため勤労報国隊が挺身出動するに際し、高らかに合唱し得る」作品を制定する目的で実施された。女性も含めた「根こそぎ動員」体制確立のために一九四一年十一月に公布された国民勤労報国令に連動したこの募集は、勤労効率の増進を側面から支援するための国民意識昂揚と世論喚起のために行われた。歌詞募集は古川鷲美の「楽しい奉仕」が入選、藤瀬雅夫の「われら勤労報国隊」が佳作となった。そしてビクター専属作曲家の社内コンクールにより伊藤翁介の曲が選定され「お早う　朝から良い天気　鍬もシャベルも　担《にな》え銃《つつ》……」と歌う四拍子変イ長調の明るく軽快なメロディーの曲として発表された。一方の「われら勤労報国隊」は中山晋平《なかやましんぺい》に委嘱され、それぞれ同年九月に発表演奏会が開催された。

ちなみに朝日新聞社は、一九四二年九月に鉄道開設七〇周年と関門《かんもん》トンネル開通を記念するとともに「現下の鉄道輸送に対し国民の協力心を一層昂揚する」目的で、鉄道省と共催で「躍進鉄道歌」歌詞懸賞募集を発表した。そして同年十一月五日に四五〇〇余編の応募の中から坂本正雄「海の底さへ汽車はゆく」、佳作に橋本竹茂「みくにの汽車」が入選となった。そして作曲はテイチクレコードの社内コンクールとなり、同月十日に大久保徳二郎作曲《海の底さへ汽車はゆく―躍進鉄道歌―》、山本芳樹作曲《みくにの汽車》が発表され、このうち《みくにの汽車》は少国民向けの楽曲として位置付けられていた。

主婦之友社の「国民歌」

雑誌メディアでは、主婦之友社の取り組みが継続していた。一九四二年六月に、文化事業報国会と主婦之友社は、陸軍省・海軍省・文部省・情報局・厚生省・大政翼賛会《たいせいよくさんかい》・日本放送協会の後援で「強くてしかも優しい日本母性の真髄を伝え学校でも職場でも家庭でも老幼男女の唱和に適するように努めて平易なること」を目的とした「日本の母の歌」歌詞募集を行った。

作詞公募は、二万余の応募作品の中から須田昌平が入選となり、続いて「日本の母のやさしさと強さを表し、学校でも職場でも老若男女誰でも唱和に適するもの」という目的で作曲が公募された。一般公募作品は応募された五〇五〇編から最終的に四次にわたる予選を通った作品を、また作曲専門家の作品については予選を通過した作品について、それぞれ集めて主催者により組織された審査委員会で九月三十日に、信時潔のピアノ伴奏、堀内敬三歌唱による実演審査がなされたものの、「力強さと気品、清新さなどに些《いささ》か欠ける憾《うら》みがあり、加筆補正に各委員が非常なる努力を傾けられましたが一等に推すべきものは得られず、遂に出席の審査委員一致の決議をもって審査委員の一人信時潔先生に作曲を委嘱され」ることとなり、十月八日に「黄金《こがね》の玉も何かせむ　皇国《みくに》の宝この子ぞと……」と歌う四拍子ト長調の賛美歌を彷彿《ほうふつ》とさせる敬虔《けいけん》な楽曲が発表された。

この楽曲の普及施策として、翌月には東京、名古屋、大阪で発表演奏会が開催されている。十一月十八日に東京宝塚劇場で開催された「『日本の母の歌』発表会」は、情報局第五部第三課長井上司朗の講演や主婦之友社が楽曲募集と併行して展開していた「軍国の母」表彰の紹介の後、《日本の母の歌》が発表された。続く第二部では東京音楽学校の演奏により北原白秋作詞・信時潔作曲による交声曲《海道東征》、第三部では宝塚歌劇団による『鵬翼《ほうよく》』が上演されるなど、新作発表の域に止まらない大々的な音楽イベントとして開催された。

国民運動団体の公募

国民運動団体による公募としては、農山漁村文化協会の実践がある。農文協の活動は、慰楽事業と称された芸能活動と指導調査・出版活動に分けられるが、一貫して前者に力点がおかれていた（北河賢三「戦中・戦後初期の農村文化運動」『民衆史研究の視点―地域・文化・マイノリティ―』三一書房、一九九七年所収）。音楽については、一九四一年から実施されていた歌謡の創作が主たる取り組みであった。特に一九四二年に産業組合中央会機関誌の『家の光』と共同で実施された「増産音頭」と「集団作業歌」の歌詞募集は、「食糧増産に挺身する人々のための健全娯楽により感謝激励運動」として実施された。作詞公募は「増産音頭」に片桐勘蔵《みたから音頭》、「集団作業歌」に福井さなゑ《村は土から》が入選となり、《みたから音頭》は服部良一《はっとりりょういち》に委嘱、また《村は土から》はコロムビア専属作曲家の社内コンクールにより古関裕而《こせきゆうじ》の作品が選ばれ「村は土から誠実から　明けて花咲く増産は……」と歌うハ長調四拍子、民謡調の明るい曲として六月二十五日に発表された。

また軍事保護院は毎年十月に軍人援護運動を展開し、傷兵・遺家族保護のための国民運動を推進していたが、そこでは音楽の積極的な活用が見られた。前章で言及した《国民進軍歌》がその嚆矢《こうし》であるが、アジア・太平洋戦争期においても運動は引き続き継続しており、この国民運動に真っ先に協力していたのが、少国民文化協会であった。

一九四二年九月には、七月締切で綴方作品（作文）の募集を行ったほか、「銃後少国民の精神的武装総進軍を歌ったもので幼少年に親しめるもの、全体を通じて第一線にあって武威を輝かしている皇軍の労苦を偲ぶとともに傷痍軍人、戦没軍人の遺族、出征軍人の家族、帰還勇士等に対する感謝の気持ちをこめ」たものという制定趣旨で、陸軍省・海軍省・文部省・軍人援護会・大政翼賛会・日本放送協会後援で歌詞公募も行った。公募には一万六二六八編の応募があり、長坂徳治が入選、十月に佐々木すぐるの作曲で「とどろく

とどろく足音は　お国のために傷ついた……」と歌う四拍子変ロ長調の軽快な《少国民進軍歌》が発表された。この軍人援護運動での「国民歌」の活用は翌年も継続していくが、この点は後述したい。

戦略的攻勢の限界

一九四二年五月の珊瑚海《さんごかい》海戦や翌月のミッドウェー海戦の敗北により明らかとなる南方進出の限界は、断片的なものとはいえ音楽にもあらわれていた。特定の戦死者を「軍神」として祭り上げ、国民の敵愾《てきがい》心昂揚と意識喚起をはかる手段は明治期からの常套《じょうとう》であり、前述した「九軍神」もその典型であるが、攻勢から守勢へ転換したこの時期に、その役割を最初に担ったのが、陸軍飛行第六四戦隊隊長であった加藤建夫中佐であった。一九四二年五月にベンガル湾での加藤戦死が報じられたが、その偉勲を讃えた楽曲としてコロムビアは、西條八十《さいじょうやそ》作詞・古関裕而作曲の《空の軍神》を、またビクターは勝承夫《かつよしお》作詞・佐々木俊一作曲で《軍神加藤少将》を発表した。ちなみに一九四三年五月には「陸軍飛行第六四戦隊歌」であった田中林平作詞・岡野正幸、原田喜一、森屋五郎作曲の「エンジンの音轟々《ごうごう》と　隼《はやぶさ》は行く雲の果て……」と歌う四拍子ハ長調（三番はイ短調に転調する変化も絶妙）の軽快な楽曲をビクターが《加藤部隊歌》としてレコード発売し、一九四四年には加藤を題材とした東宝映画「加藤隼戦闘隊」が封切られ《加藤部隊歌》が挿入歌として活用されている。

このようにミッドウェー海戦の敗北により明らかとなった日本軍の戦略の限界は、一九四三年に入ってほころびを見せはじめる。同年二月のガダルカナル島撤退により日本軍の戦略的守勢は決定的となるが、内外にその現実をさらけ出す結果となったのが、一九四三年四月の連合艦隊司令長官山本五十六の戦死であり、同年六月のアッツ島守備隊の「玉砕」であった。同年五月二十日の山本戦死、同月三十一日のアッツ島守備隊玉砕と相次ぐ発表は、「名誉の戦死」を国民の意識昂揚に転用し、国民大衆に協力一致あるいは不退転の決意を促し、敵愾心を煽り立てるための手段と考えられる。

山本戦死への反応は、戦死を讃えた楽曲の制定を促した。メディアでは、朝日新聞社が、山本五十六の短歌三首を選定し信時潔《のぶときよし》に作曲を委嘱して《ますらをの道》、さらに作詞を百田宗治、作曲を片山頴太郎《えいたろう》に委嘱して《山本元帥の歌》を発表した。同様に東京日日・大阪毎日新聞社は、作詞を大木惇夫、作曲を海軍軍楽隊に委嘱して国民歌《山本元帥》を発表している。これ以外には、海軍報道部が「山本元帥景仰《けいこう》」のため海軍主計中将の武井大助の詩に、信時潔に作曲を委嘱して《山本長官を讃ふ》を、東京音楽学校が校長の乗杉嘉壽作詞、橋本國彦作曲の交声曲《英霊讃歌　山本元帥に捧ぐ》を発表した。このうち

《ますらをの道》、《山本元帥の歌》、交声曲《英霊讃歌　山本元帥に捧ぐ》の三曲は、元帥讃仰三部作として六月十二日に東京音楽学校奏楽堂で開催された東京音楽学校主催「山本元帥讃仰演奏会」において発表されている。

一方、アッツ島守備隊玉砕を真っ先に取り上げたのは朝日新聞社であった。朝日新聞社が情報局と陸軍省の後援で行った「アッツ島血戦勇士顕彰国民歌」歌詞募集は、一九四三年六月末締切で実施され、陸軍省・谷荻報道部長を審査委員長に陸軍省、情報局、日本放送協会、山田耕筰《やまだこうさく》、百田宗治、朝日新聞社による審査委員会が審査を行い、七月八日に入選作品が発表された。そして入選作は、「刃《やいば》も凍る　北海の　御盾《みたて》と立ちて　二千余士……」と歌う四拍子へ短調の悲壮感溢れる顕彰国民歌《アッツ島血戦勇士顕彰国民歌》として、また佳作第一席は少国民歌《みんなの誓》としていずれも山田耕筰に作曲が委嘱され七月十八日に発表演奏会が開催された。この公募の特徴は、楽曲制定や発表演奏会開催に止まらず、朝日新聞社によって、楽譜の無料頒布や歌唱指導隊の派遣など

図16　山田耕筰

のアッツ島血戦勇士顕彰国民歌皆唱運動が展開されたことであろう。ここでは《山本元帥の歌》《ますらをの道》もセットとなって「殉国キャンペーン」が繰り広げられていた。

音楽報国巡回大演奏会

前述した《楽しい奉仕》は、創作のみならず早々に国民運動で取り上げられた。音文は、一九四二年十月に朝日新聞社の共催、情報局後援で音楽報国巡回演奏会を開催した。この巡回演奏会は、オーケストラや声楽家を地方へ巡回させて演奏や歌唱指導を行うもので、管弦楽作品演奏と指定楽曲《楽しい奉仕》の歌唱指導により構成され、第一回（一九四二年十月）は日立・仙台・盛岡・青森・秋田、第二回（一九四三年四月）は浜松・豊橋・名古屋・岐阜・四日市で開催された。オーケストラは二回とも東京交響楽団（現東京フィルハーモニー管弦楽団）が出演し、第一回は《荒《こう》城《じょう》の月》《戦線詩情》《本荘追分《ほんじょうおいわけ》》《闘牛士の唄》《長持歌《ながもちうた》》《からたちの花》といった歌曲やアリアのほか、管弦楽演奏としてロッシーニ《ウィリアムテル序曲》、渡辺浦人《うらと》《野人《やじん》》、シューベルトの《未完成交響曲》もしくはベートーヴェンの《運命》を、第二回は、《荒城の月》《日本の母の歌》《わが背子は》などの歌曲のほか、管弦楽演奏として深海善次《皇軍讃歌》、タイケ《旧友》、シュトラウス《美しき青きドナウ》とベートーヴェンの《運命》が演奏され、いずれも最後は《愛国行進曲》で締め括られた。その特徴は、地方都市の勤労者を対象に管弦楽作品と歌曲による「健全娯楽」を提供するという、いわば翼賛文化運動の特徴を持った国民教化のための運動であったことである。また音文がこの巡回演奏会を契機として国民運動への関わりを重視し主体的に取り組むことになった面も留意すべきであろう。

第一回国民皆唱運動

大政翼賛会は、一九四二年十一月末から新たな国民運動として国民皆働《かいどう》運動や必勝貯蓄運動を展開した。ここで取り上げる国民皆唱《かいしょう》運動もこうした国民運動の一環であり「国民の心を明るくのびのびとさせるような運動」として大政翼賛会文化部と宣伝部において企画されたものであった。翼賛会はこの運動に単に国民の気持ちを明るくするのみならず、歌うことそのものに「健民運動」の役割や歌うことによる作業効率の向上＝生産増強という役割をも期待していた。

翼賛会は音文をはじめとする音楽関係者への委員委嘱により国民皆唱運動委員会を立ち上げ、皆唱歌曲の選定と皆唱指導隊の派遣を柱とする計画を実施した。こうして大政翼賛会提唱、音文・演奏家協会音楽挺身隊・日本蓄音機レコード文化協会・日本放送協会の協力による第一回国民皆唱運動が一九四三年一月末から三月にかけて、関東・近畿・四国・九州各県と北海道で開催された。皆唱指導隊は、演奏家協会音楽挺身隊により声楽家一〜

二名と伴奏者一名を一班として編成され、《海ゆかば》と大政翼賛会標語・片山頴太郎作曲《この決意》を必唱歌曲とし、それ以外は皆唱歌曲の中から選曲して歌唱指導を行うもので、各県一班（北海道は三班）とし七〜十日の日程で派遣された。こうして楽壇挙げてのイベントとなった皆唱運動は、これまでになかった特徴が見出せる。

第一は皆唱歌曲の選定である。皆唱歌曲は、前述した必唱歌曲を含む七四曲が選定されたが、これらのうち、四三曲は「国民歌謡」や「国民合唱」であった。それ以外の皆唱歌曲は、少国民向けの楽曲や明治期の軍歌などが大半で、いわば「上からの」楽曲指定とでもいえるものであった。しかし実際の運動ではこれら選定楽曲だけでなく《この道》《荒城の月》や《菩提樹《ぼだいじゅ》》のような外国曲などを加えることの必要性が派遣された音楽家や聴衆から指摘されていた。これは音楽家＝担い手と聴衆＝受け手の側双方が皆唱運動の限界を認識し、音楽運動的要因を求めていたことの表れと捉えられる。ただひとつのイベントのために楽曲選定がなされ、その普及徹底が実行されたことは従来見られなかった方策であった。

第二は皆唱指導隊の派遣である。それまでさまざまな音楽活動を担ってきた音文が演奏家協会音楽挺身隊と連携したことはなく、地方を視野に入れた国民運動を展開する上で挺身活動が無視できない有力な手段であることを認識する結果となったことは推測される。

ではこの運動の成果はどうであったのか。翼賛会側は「運動の成果が非常に大きくあがった」と総括している。それに対して、派遣された音楽家側に認識は、派遣された地域によって差があった。これは受け入れ側である翼賛会の本部と地方支部の運動に対する認識のズレが原因であったことが指摘されている（「第一次国民皆唱運動座談会」『音楽文化新聞』第四九号、一九四三年五月）。しかし多少の不備はあっても全国レベルでの音楽による国民運動を上からの楽曲選定による教化活動として実行した結果は尊重されていたのではなかろうか。

第二回国民皆唱運動

第二回国民皆唱運動は、一九四三年七〜八月に大政翼賛会提唱、音文協力、情報局後援で「娯楽施設に恵まれず、ひたすら増産をねがう僻遠の農村漁村に歌唱指導隊を派遣して戦場精神の昂揚を図るとともに、兵制発展記念国民運動の趣旨の徹底を期する」という目的のもとに実施された。今回は音文により歌唱指導隊が前回規模で編成され、前回派遣できなかった東北・甲信越・北陸・東海・山陰地方に派遣され、後述するような経緯で制定された《みたみわれ》を指定歌曲として展開された。

たとえば声楽家の外山國彦は、一九四〇年からたびたび大牟田の三井鉱山に音楽指導に趣いていたが、一九四三年七月二十六日から八月六日の訪問の際は、発表後間もない《みたみわれ》を指導歌曲のメインと位置付けて歌唱指導していたことなどは、当時の状況を端的にあらわしていよう。しかもその過程では楽曲創作のための作曲家の動員という動きも見られた。さらに歌唱指導隊が音文により編成されたことは見逃せない。これは一九四三年八月の演奏家協会の音文への統合と関係があると思われるが、それだけでなくやはり音文自身が挺身活動の重要性を認識し自ら実践したと考えられる。

しかし今回の運動について音楽関係者は、皆唱運動の意義を強調しつつも《みたみわれ》の歌いにくさなど音楽的問題など批判的な見解も示されていた。また第二回の運動開始前に翼賛会側から第一回の反省として各支部に細かい指示が出されていたが、前述した上からの選定歌曲の限界については無視され、むしろその「押し付け」を全面に打ち出すという方向が明確にあらわれていた。

国民歌唱運動は、大政翼賛会の企画に後には情報局も後援として加わり、それを音楽界が実践することにより戦意昂揚を促す国民運動であった。それは東京をはじめとする都市部よりも農山漁村など地方を活動の重点としたものであり、全国の国民各層を対象とした移動文化運動のひとつの形と考えられる。その意味では、この運動は翼賛文化運動の系譜に属するものと言えよう。しかしたとえば移動演劇運動が限界があるにせよ時として単なる国策演劇に止まらず演劇本来の芸術性の発露や「国民演劇」模索の傾向が見られたのに対し、音楽挺身活動はその規模あるいは目的の制約から結局は指導・慰問の域を脱しなかった。もっとも音文が「国民歌」を題材とした挺身活動を推進し、他の組織との連携や運動推進のための音楽家の動員を行ったことなどは以降の音文の活動スタイルを形成したものとして留意すべきであろう。

みたみわれ

すでに言及したように、大政翼賛会は、一九四二年十二月に《海ゆかば》を「国民の歌」に指定したが、さらに一九四三年一月に「愛国百人一首」の中から海犬養岡麻呂《あまのいぬかいのおかまろ》の歌を選び、「国民の歌として決戦下の国民があらゆる機会に力強く朗唱する」ために音文と共同で作曲を一般公募した。音文は募集協力という立場から『音楽文化新聞』などで「これにつき日本音楽文化協会では協会会員は勿論《もちろん》全日本の作曲家に挙《こぞ》って協力参加することを特にのぞんでいる」というコメントを発表し、音楽界挙げての公募を前面に押し出して「一億国民皆唱の国民歌」制定に全面的なバックアップを行った。応募作品は、信時潔、中山晋平、小松耕輔ほか十余人からなる選考委員の選考によ

図17　「みたみわれ」発表会
（毎日新聞社提供）

って第一次予選を通った九曲について、音文作曲部で三月十日に実演審査が行われ、四月に山本芳樹の作品入選が発表されるとともに『国民合唱』の一曲としてラジオ放送された。

「みたみわれ　生ける　しるしあり　天地《あめつち》の　栄ゆる時に　あへらくおもへば」の歌に四拍子ト長調の荘重な《みたみわれ》は、七月六日の「『みたみわれ』発表国民音楽会」（大政翼賛会・日本放送協会主催、音文協賛、情報局後援）において発表された。ちなみにこの演奏会は、決戦下の音楽会であることを内外に認識させることに重点を置き、出演者は全員防空服装とし、全曲目が邦人作品で構成されていた。発表演奏会はさらに福岡、香川、大阪、広島、宮城においても開催されたが、それに止まらず前述したように第二回国民皆唱運動たる「戦場精神昂揚国民歌『みたみわれ』を歌う会」のような音楽による国民教化運動の題材としても用いられていた。

《みたみわれ》は、翼賛会による上からの楽曲制定を、音文が主体的に支援するとともに、発表・普及においては都市部のみならず農山漁村を対象とした移動文化運動や翼賛文化運動の要素を採り入れ、それまで見られなかったよりきめの細かい普及活動を行ったところに最大の特徴があった。

軍人援護運動　日本文学報国会は、一九四三年十月（三日～八日）の軍人援護強化運動に協力するため、詩歌・俳句・短歌の三部会において作品を募集し四三年六月に軍事保護院に作品を献納したが、音楽界もこれに呼応して音文が作品募集を主導するのであった。音文による献納運動は、三つの方法により実施された。

第一は、献納された詩歌の中から音文が優秀作品を選び作曲を委嘱したもので、山田耕筰、弘田龍太郎、信時潔、箕作秋吉《みつくりしゅうきち》、古関裕而の各氏に作品を委嘱した。これは後述する公募作品とあわせて、歌曲集として編纂し献納することを目的としたものであった。

第二は、献納歌曲の公募である。七月十四日に文部省、陸・海軍省、情報局、軍事保護院、日本文学報国会、音文による打合せ会により作曲公募のための詩歌選定が行われ、大木惇夫《あつお》の「大アジヤ獅子吼《ししく》の歌」が決定する。一般公募による作曲募集は、八月末締切り、著作権は軍事保護院に献納という規定で行われたが賞金なしという異例の公募であった。予《あらかじ》め音文軍事保護院、情報局、日本文学報国会、作詞者、音文により行われた審査は、作曲部が予選により一六曲を選定した後、これらの作品を実際に演奏して最終審査がなされ、九月に園部為之の作品当選により「東の日出づる国の　日の皇子《みこ》の御民ぞわれら……」と歌う四拍子変ロ長調の勇壮な《大アジヤ獅子吼の歌》が発表された。

第三は、愛国歌曲の創作・献納である。これは七月二十四日に軍事保護院、情報局、日本文学報国会、音文により打合せ会が開催され、五〇余編の詩歌選定とそれぞれの作品の作曲者が決定され、愛国歌曲が委嘱されることになった。ここでは音文作曲部会員の作曲家たちが予め決められた詩に作曲を行うという作品創作過程での音楽家の動員が行われた。しかもクラシック音楽の作曲家のみならず、明本京静《あけもときようせい》や大村能章、奥山貞吉といったポピュラー音楽や大衆歌謡の作曲家等さまざまな領域の作曲家に幅広く委嘱されていたことも特徴であった。

こうした状況について、作曲家で音文理事でもあった清瀬保二は「これら選びだされた詩を如何にして作曲家に廻すかということは種々協議したが、日時の関係、手数の問題等により理想案を実行することが出来ず詩と作曲家をにらみあわせて決めて行った」(「軍事保護院献納作曲について」『音楽文化新聞』第五九号、一九四三年九月十日）と述べている。《大アジヤ獅子吼の歌》をはじめとするこれらの楽曲は、軍事保護院に献納のほか大々的な普及活動として全国に演奏班を派遣し延べ七八ヵ所で発表演奏会が開催されたことも付言しておきたい。これについて、中国地区派遣音楽報国挺身隊に隊長として参加した橋本鑒三郎の「演奏家作曲家評論家等一丸の動員に加えて、各開催地に於ける音楽関係者の絶大な協力を得て音楽面を通しての一大国民運動とまで発展を見た」（「音楽家は挺身する」『音楽文化』一九四三年十二月）という指摘は、この運動の特徴を端的にとらえているといえよう。

このように音文と日本文学報国会との連携による楽曲制定は、軍人援護運動以外にもいくつか行われた。以下例示してみると大政翼賛会募集による一九四三年十一月発表の「勤労報国隊の歌」（歌詞の公募、作曲は音文委嘱）、日本文学報国会と音文の共同企画による四四年三月発表の「少国民決意の歌」（作詞・作曲とも委嘱）、日本文学報国会の主催、農商省・情報局・中央農業会・日本新聞会の後援、日本放送協会・音文・農山漁村文化協会等の協賛による四四年十一月発表の「日本農村の歌」（歌詞の募集）が挙げられる。

航空思想普及

軍事関連の記念日を祝した「国民歌」制定は、この時期も継続していた。特に航空思想普及が重点的に行われていて、一九四二年九月の第三回航空記念日にあたり、社団法人日本蓄音器レコード文化協会と大日本飛行協会は共同で「陸海軍航空将兵に捧げる感謝の歌」として、野村俊夫作詞・古関裕而作曲による《空征く日本》を発表し陸軍と海軍に献納した。

最も大々的に行われたのが、国家機関の主導による《大航空の歌》の制定と普及であった。逓信《ていしん》省の外局である航空局は、航空記念日（九月二十日）にあわせ、一九四三年八月に音文に楽曲委嘱を行った。この制定に関わっていたのが音文で、理事会などで選考についての進捗などがたびたび取り上げられ報告されていた。音文は、作詞者を選定した後作曲を募集し、十二月に西條《さいじょう》八十《やそ》作詞、佐々木俊一作曲の「見よ見よ大空に　荒鷲が　撃ちてしやまん　翼もて……」と歌う四拍子変ホ長調の「雄渾《ゆうこん》壮大」な《大航空の歌》を発表し、「国民合唱」としてラジオ放送もされた。作品は作曲者専属のビクター（日響）のほかコロムビア（日蓄）からもレコード化され広く普及した。それは四三年八月から翌年八月までのレコード発売枚数（コロムビア五万枚で第四位、ビクター二万二〇〇〇枚で第一二位、三十五頁の表参照）からも一目瞭然である。音文委嘱により生まれた「国民歌」の中で、比較的広く歌われた楽曲といえる。

国民運動への取組みは、少国民文化協会においても見られた。

ミンナウタヘ大会

少国民文化協会の音楽による取り組みは、ラジオ放送と協調した「ミンナウタヘ大会」が代表例といえる。これは、日本放送協会との共催、文部省と情報局の後援で、「放送ニヨリ全国ノ少国民ヲシテ同一歌曲ヲ同一時ニ唱和セシメ音楽ヲ通シテ少国民ノ団結ヲ強化シ大東亜建設推進ノ意気ヲ旺盛ナラシメ併セテ歌唱力ノ向上に資セントス」という目的で「第一回全国少国民『ミンナウタヘ』大会」を一九四二年十一月に、また同様の目的で一九四三年十一月に「第二回少国民『ミンナウタヘ』大会」を開催した。

第一回大会で指定された一斉歌唱曲目は、《愛国行進曲》《日本のあしおと》のほか、岡英二作詞・渡邊浦人作曲《進め少国民》、文部省唱歌から《鍛へる足》《朝日は昇りぬ》の六曲で、十一月七日にこれらの歌曲歌唱演奏のほか、管弦楽演奏や放送音楽劇《桃太郎》、映画上演により開催されたが、第二回大会も翌年十一月十三日に第一回大会と同じような内容で開催された。

少国民文化協会は、このような国民運動のみならず、楽曲制定も行っていた。たとえば日本少国民文化協会の作詞・作曲として《大東亜少国民の歌》を一九四三年四月に発表している。

学徒と労働力の動員

戦局の展開は、兵力や労働力の確保にも大きな支障をきたしていて、危機的な状況にあった。

一九四三年十月に開始された「国民徴用挺身隊歌」歌詞懸賞募集は、朝日新聞社と国民徴用援護会の共催、陸軍省・海軍省・情報局・厚生省・大政翼賛会後援、大日本産業報国会・日本放送協会・音文協賛で行われたもので、「国民徴用の緊要重大なる意識を昂揚し戦力増強と米英撃滅を目標に、併せて雄健剛揮なる国民精神の鼓舞をはかる」ための作品募集であった。三九年七月に公布された国民徴用令は、四三年八月に改正され、新たに民間工場に徴用された者に対し「応徴士」という「国家的身分」が与えられた。

このように強化された国民徴用をより広く周知徹底するため、厚生省と国民徴用援護会は四三年十一月二十六日から三十一日まで「戦力増強国民徴用援護強化週間」を全国で展開した。この楽曲募集はこの強化週間にあわせて、国民の応徴士への意識昂揚を図ることを目的とした公募であったといえよう。歌詞募集は下敦子の応徴戦士の歌「勝利の生産」が入選となり、信時潔に作曲が委嘱され「晴れのお召しをいただきて……」と歌う二拍子ト長調の《勝利の生産》が発表された。そして「『勝利の生産』発表大演奏会」が東京のほか名古屋、大阪、小倉、福岡でも開催された。さらに四四年二月になると朝日新聞社により楽譜の無料頒布も行われるなど、メディアの総力をあげた制定・普及活動が見られた。

兵力動員で画期となったが一九四三年十二月の学生生徒への徴兵猶予廃止による「学徒出陣」であった。これは、兵力確保の危機的状況を露呈したものであったが、この学徒出陣をテーマとした楽曲もいくつか制定された。公募としては、読売報知新聞社が一九四三年八月二十五日に「学徒空の進軍」の歌詞公募を行い、九月に吉田健次郎の入選を発表、続いて作曲募集を行い、十月に大内福三郎の入選により《学徒空の進軍》を発表した。その他学徒出陣をうたった楽曲としては、西條八十作詞、橋本國彦作曲《学徒進軍歌》、西條八十作詞・竹岡信幸作曲《学徒は今ぞ空へ征く》などがレコード発売されていた。

兵力のみならず徴兵による労働力不足も深刻であった。これを打開するため一九四四年二月には国民学校令戦時特例が公布され、未成年の児童達の勤労動員体制が確立された。また一九四三年七月の国民徴用令改正による対象年齢の拡大、同年十月の軍需会社法公布による徴用強化も労働力動員の施策として捉えられる。なお女子の動員はその後一九四四年八月の女子勤労挺身令によって強化されている。このような状況下にあって勤労意識昂揚のために制定されたのが「なびく黒髪　きりりと結び　今朝もほがらに朝露踏んで……」と歌う四拍子ハ長調の《女子挺身隊の歌―輝く黒髪―》であり、「花も蕾《つぼみ》の若桜五尺の命ひっさげて……」とうたう四拍子ハ短調の《ああ紅《くれない》の血は燃ゆる》であった、これは一九四四年四月に軍需省が「火花散る軍需工場にはたまた必死の増産にはげむ農村に、勝利の生産にいそしむ学徒ならびに女子挺身隊の行をさかんにするため」に制定したもので、西條八十作詞・古関裕而作曲で《輝く黒髪》、野村俊夫作詞・明本京静作曲《学徒動員の歌》として発表された楽曲であった。

ちなみに勤労動員施策の普及徹底という脈絡では、同年十月に文部省学徒動員課が選定した《学徒勤労の歌》も指摘できる。この楽曲は、当初文部省が尾崎喜八の詩について音文に作曲が委嘱され、音文作曲部所属の作曲家三氏に創作が依頼されて九月五日の審査会で佐々木すぐるの作品が決定された。しかしその後「歌詞に不備の点ある為、文部当局の意向により発表は一時保留となり、之《これ》に代って東京音楽学校作詩作曲になる同名の歌」が十月十八日に文部省選定として発表されている。いったん決定した詩に作曲審査まで確定した楽曲が、いかなる理由で「保留」となり全く違う楽曲が選定されたのか詳細は不明であるが、そこまでしてでも勤労動員に対する意識昂揚を促す動機付けが必要な状況にあったことを物語るものとして考えられるのではなかろうか。

体当たりの特攻攻撃

アジア・太平洋戦争は、海域をまたいだ広大な戦闘範囲をいかに確保し死守するかの戦争であった。そこでは海上交通路と制空権の確保が最大の焦点であり、日本軍も航空兵力の増強を重視していた。前述した航空思想普及もその延長線上にある国民へのアピールと意識昂揚施策といえよう。さらに戦局の進展は、その航空兵力の確保も死活問題となり、そのための文化領域の動員が見られた。

その代表的事例が、一九四三年封切りの東宝映画『決戦の大空へ』である。これは海軍甲種飛行予科練習生（予科練《よかれん》）を題材にその練習生募集を目的とした映画で、その主題歌が西條八十作詩・古関裕而作曲による《決戦の大空へ》と《若鷲の歌》であった。特に「若い血潮の予科練の　ななつボタンは桜に錨……」と歌う四拍子ト短調のどこか哀愁を感じさせる《若鷲の歌》は、一九四三年九月のレコード発売当初からヒットとなっていた。

陸軍は、一九四三年封切りの『愛機南へ飛ぶ』の挿入歌であった野村俊夫作詞・万城《まんじよう》目《め》正《ただし》作曲の《索敵行》を陸軍航空本部選定として発表していた。その一方で、海軍の予科練に対し、陸軍は一九四四年に陸軍特別幹部候補生制度を発表した。この陸軍特別幹部候補生を題材に読売新聞社が選定し、清水かつら作詞・佐々木俊一作曲で一九四四年二月に発表された楽曲が《特幹の歌》であった。これら兵力動員のための施策は、より広汎な大衆動員として映画や音楽を活用したものであったと捉えられる。

このように動員された貴重な兵力は、その後絶望的抗戦期になっても無為な作戦により散華《さんげ》することもあった。十五年戦争期においては、さまざまな局面で「死」が日常化、特にアジア・太平洋戦争期には体当たり攻撃による特攻攻撃が本格化した。絶望的抗戦の時期には、爆弾を抱いた航空機やモーターボート、有人魚雷等で敵艦船に体当たり攻撃を行う自爆攻撃たる特攻作戦が展開した。航空機による最初の特攻攻撃は一九四四年十月の海軍によるフィリピン戦線での神風特別攻撃隊であるが、その後敗戦に至るまで航空特攻による戦死者は四〇〇〇人に上るといわれている。一九四四年十二月封切りの東宝映画『雷撃隊出動』の挿入歌であった米山忠雄作詞・古関裕而作曲《雷撃隊出動の歌》、米山忠雄作詞・鈴木静一作曲《男散るなら》や一九四五年の野村俊夫作詞・古関裕而作曲《嗚呼《ああ》神風特別攻撃隊》などの楽曲は、この特別攻撃の事実を証言するものといえよう。

挺身活動のための「国民歌」

一九四四年二月二十五日に発表された決戦非常措置要綱は、国民の労力を戦力増強に集中させる目的で制定されたものであった。そのひとつとして高級享楽禁止が盛り込まれ、同月二十九日には高級享楽停止に関する具体策要綱により高級料理店、待合、カフェ・バーとともに大都市高級興行歓楽場への規制と一時閉鎖が決定され、翌三月から全国で一九の劇場が閉鎖された。たとえば宝塚歌劇団では、宝塚大劇場と東京宝塚劇場が閉鎖となり、三月五日以降は両劇場での公演が開催できなくなっていた。これらの要綱発表は音楽界に軽音楽団の楽器編成替えや音楽会への規制強化などさまざまな影響をもたらす結果となった。音文が発表した演奏会の決戦非常措置には、個人リサイタルの禁止や戦意昂揚・生産増強のための演奏会奨励と地方への分散開催などが盛り込まれており、これ以降の音楽界は、挺身活動が中心となっていく。

こうした状況を反映していたのが、音文による楽曲募集として大々的に行われた一九四四年三月の決戦楽曲の発表であろう。これは「非常時の演奏に適し国民の士気をいやがうえにも昂揚すべき各種の決戦下楽曲を作製しその優秀なるものを銓衡する」ため音文が作曲家に作品の提出を依頼したうえで、声楽曲、管弦楽曲、合奏曲、吹奏楽曲の三種の募集を行い楽曲を制定したものであった。この楽曲募集の最大の特徴は審査会の開催であった。審査会は、情報局、陸・海軍報道部、防衛総司令部、文部省、内務省、警視庁、東京都、大政翼賛会、大日本産業報国会、日本文学報国会、日本放送協会、日本音盤協会、朝日新

図18　音楽挺身隊（『国民の音楽』より）

聞社、毎日新聞社、読売報知新聞社、東京新聞社、音文という官庁、自治体、軍、官製国民運動団体、マスメディアといった国民運動を推進し得る全ての組織を幅広く網羅した構成で開催された。こうして新作当選曲一二曲、編曲七曲が選定され空襲下の非常時における国民の慰撫激励のために活用されることとなる。

　声楽曲として選定された曲は、勝承夫作詞・名倉晰《あきら》作曲《怖れを知らず》、野村俊夫作詞・佐々木すぐる作曲《国難に起つ》、時雨《しぐれ》音羽《おとわ》作詞・佐々木俊一作曲《神風節》、久保田宵二作詞・長妻完至作曲《強いぞ日本少国民》、梅木三郎作詞・平井保喜作曲《み鉾とり》であった。たとえば《国難に起つ》や《神風節》は、音文音楽挺身隊による大詔奉戴日宮城参拝などの際に、歌唱指導曲として用いられていた。

音楽挺身隊による挺身活動は、一九四一年九月の演奏家協会音楽挺身隊の設立により本格化し、主として演奏家協会の活動として実践されて来た。その後、一九四三年八月に演奏家協会が音文に統合され、挺身隊も音文の組織となったこともあり、特に決戦非常措置発表以降の音文の活動は、音楽挺身隊による挺身活動や移動音楽活動が中心となっていた。このような状況において即時的に活用できる楽曲の制定は急務の課題であり、音文自身が作曲家を動員して作品を提出させ、上からの主導による審査で楽曲を制定したという事実はきちんと把握しておきたい。

吹けよ神風

絶望的抗戦と新たな「国民歌」制定

一九四四年六月のマリアナ沖海戦の敗北、七月のマリアナ諸島サイパン島守備隊全滅、東条内閣総辞職、八月の学童集団疎開開始、十月のレイテ沖海戦敗北と続いていく状況は、まさに大日本帝国の絶望的抗戦ともいえるものであった。しかしこの時期にも、軍人援護運動のように定例化した国民運動が継続するとともに、危機意識を喚起する楽曲が制定されるといった状況が継続していた。

国民運動での「国民歌」

一九四四年度の軍人援護運動は、軍人援護思想の徹底のための歌曲制定という目的を掲げて展開された。今回もさまざまな軍人援護運動を行っていた日本文学報国会が、活動の一環として作詞を委嘱し、音文が作曲に関わるという形で楽曲がつくられた。作詞は、西條八十《さいじょうやそ》の「起《た》て一億」と三好達治《みよしたつじ》の「決戦の秋《とき》は来れり」が選定され、これを受けて音文は「起て一億」の作曲を山田耕筰《やまだこうさく》に委嘱、「決戦の秋は来れり」の作曲を公募とした。募集には六一編の作品が集まり、試聴の結果、林松木の作品を選定した。こうして制定された《起て一億》と《決戦の秋は来れり》は、同年十月三日に歌唱指導や舞踊を交えた発表演奏会で発表されたほか、《決戦の秋は来れり》は「国民合唱」としてラジオ放送や、三越本店で同日から八日まで開催されていた「起て一億の夕」のイベントにあわせた音楽会でも毎日演奏されるなどの普及活動も行われた。

音文と日本文学報国会の連携は、他の国民運動でも行われていた。

食糧供給の危機は、闇取引の横行という深刻な社会問題化を引きおこした。これは戦後にも継続していく国民生活の根幹に関わる問題であったが、このような状況をふまえ、日本文学報国会主催、農商務省、情報局、中央農業会、日本放送協会、音文、日本音盤協会、農山漁村文化協会の協賛で行われたのが「日本農村の歌」制定であった。これは日本文学報国会農民文学委員会が中心となって「決戦下食糧増産の緊急要務を荷う農村の人々に日常愛唱さるべき『日本農村の歌』を選定する」という目的のもと一般募集による「会合歌」と「作業歌」の歌詞を募集し、十一月二十五日に作曲が富士音盤の飯田三郎と林伊《はやしい》佐緒《さお》に委嘱された。このような脈絡で募集されたものとして一九四四年九月に音文と日本文学報国会が共同で募集した「皇国漁民の歌」「大漁ござる音頭」があげられる。

この他にも、少国民文化協会は、一九四四年一月に「愛国子守歌」歌詞募集を発表し七千余編の応募の中から同年五月に雨宮頼保の入選を発表した。続いて七月には第三六回海軍記念日を祝して藤浦洸《こう》作詞・佐々木すぐる作曲《軍艦旗の歌》を発表し海軍に献納している。さらに公募によりつくられた《お山の杉の子》《おくにのために》を一九四四年十月に軍事保護院に献納していたし、石炭統制会は、音文に委嘱し橋本國彦作曲《炭鉱進軍歌》、杉山長谷夫作曲《炭鉱音頭》を発表していた。

大日本産業報国会も発足当初から音楽を活用した活動を積極的に展開していたが、一九四四年七月から二ヵ月にわたり「組織をあげて展開した最大の『勤労文化運動』ともいえる」勤労昂揚皆唱運動を開催した（高岡裕之「大日本産業報国会と『勤労文化』」）。この運動のため「いろはのいの字は　命のいの字……」と歌う三拍子変ホ長調の明るく軽快なサトウハチロー作詞、古賀政男《こがまさお》作曲《いさをを胸に》が発表されたが、さらに一九四四年八月からは「職場の歌」と「国民合唱」という番組でラジオ放送された。ちなみに同じコンビで発表された「丘にはためく　あの日の丸を……」と歌う四拍子変ホ長調の《勝利の日まで》は、日本放送協会の委嘱で一九四四年三月に発表された曲であるが、この曲も音文音楽挺身隊の主要なレパートリーとして盛んに歌われ、翌年には映画主題歌として活用された。

大東亜共栄圏という「虚構」

すでに危機的状況にあったアジア地域での戦局であったが、それでも国内では「東亜の盟主」としての日本が、これらアジア地域を善導していくという方策が継続していた。

音文は、対外音楽委員会を組織し対外文化宣揚のための施策を実施していた。一九四三年十二月のビルマ・比島独立祝典曲（歌曲と管弦楽）募集や、大東亜会議一周年を記念して四四年十一月に発表された西條八十作詞・須藤五郎作曲《大東亜の歌》などがその典型例であろう。こうした動向は、単なる楽曲募集というレベルに止まらず、ビルマ・比島独立祝典曲の募集に見られたように、楽譜やレコードの提供、さらにニュース映画やラジオ放送などのメディアを駆使した音文の対外宣撫《せんぶ》活動の一環ととらえることができよう。

作品募集だけでなく、絶望的抗戦期にあっても士気昂揚を促すための「虚構」を正当化する楽曲がいくつかみられた。

一九四四年に封切られた潜水艦記録映画である日映映画『轟沈』の主題歌として同年五月にレコード発売された米山忠雄作詞・江口夜詩《えぐちよし》作曲《轟沈》は、「可愛い魚雷と　一緒に積んだ　青いバナナも黄色く熟れた……」というユーモラスな歌詞や八分の六拍子イ長調曲の味わいが、大衆の支持を受けた楽曲として特異な楽曲といえようが、そのテーマは大東亜共栄圏以外の何ものでもなかった。また一九四四年十月の台湾沖航空戦や比島沖海戦での大本営発表は、実際の状況とは全く異なった「大戦果」として発表されたが、この「大戦果」に刺激された楽曲として、サトウハチロー作詞・古関裕而作曲《台湾沖の凱歌》や藤浦洸《こう》作詞・古関裕而作曲《フィリピン沖の決戦》などが発表されている。

公募の空回り

音文による楽曲公募は、戦局の推移に応じて常態化する。一九四四年になって実施された常時募集はその典型であろう。まず日本放送協会との提携により放送用楽曲常時募集が開始された。これは新作・旧作、既成楽曲の編曲などを問わず毎月十五日を締切りとして募集するもので、種別も管弦楽曲・協奏曲・室内楽曲・

独奏曲・独唱曲・合唱曲・軽音楽と全ての種別に及んでいた。ちなみに最初の募集（六月）では四五曲が寄せられこのうち九曲が試演会で発表され、日本放送協会に送られた。また同じ六月からは音文による軽音楽常時募集も開始された。募集楽曲としては「新作・旧作を問わず特に健全明朗なる作品を求む」とし「歌詞は任意なるも特に平明健全なる歌詞を用ふること」とされた（『音楽文化協会会報』第四号、一九四四年六月）。このような軽音楽の募集は同年五月の音文軽音楽委員会の発足や、同時に発表された軽音楽団の編成替えと連動した軽音楽統制の一環ととらえることができよう。同様の器楽曲の公募はレコード会社でも実施されていて、一九四三年下期に三回にわたって実施された日本音響による管弦楽作品や一九四三年十二月締切で実施された軽音楽作品募集などが指摘できる。

音文による募集活動は、旋律のみを募集する「国民の歌」という形でも表れた。これは決められた詩に旋律のみの作曲を募集し音文で審査決定するというもので、一九四四年八月に第一回「国民の歌」として赤松月船作詞「戦はんいざ」の作曲が、さらに翌月には第二回「国民の歌」として安藤一郎作詞「いのちの旗」の作曲が同様に募集された（ただし実際に作品が発表されたか否かは不明）。また新たな楽曲制定ではないが、一九四四年十月には「非常事態発生の場合随時野外等で歌い得る」ことを目的に「野戦楽曲」を選定した。

しかしこれらの施策からどのような楽曲が生れ利用されたのか全貌は不透明で、その解明は今後の課題である。

音文による楽曲募集は、歌曲のみならずあらゆるジャンルの楽曲をその時々の状況に応じて募集するという、時局を反映した楽曲量産であった。確かに室内楽試演会など設立当初の音楽活動は音文独自の音楽芸術追究の姿として特筆されようが、以降の楽曲募集は組織力による半ば強制的な音楽家の動員をも行いながら、主体的に国策に沿った国民意識の昂揚や教化動員を主体的に推進していたのである。

一億総決起

絶望的抗戦という状況は、「国民歌」にも端的にあらわれていた。政府が制定した徹底抗戦のための意識を喚起する楽曲群が、次に取り上げるものである。政府機関の中で、音楽による国民教化動員や意識昂揚を行っていたのは情報局であったが、その楽曲制定にも政府の危機意識が反映されていた。

一九四四年九月から開始された情報局制定歌曲の創作は、サイパン島失陥の重大時局に当り国民の士気昂揚を図る目的で、行われたものであった。これは情報局が日本文学報国会に作詩を、音文に作曲を委嘱して歌曲を制定するもので、まず日本文学報国会により佐《さ》藤春夫《とうはるお》「一億総進撃の歌」と尾崎士郎《おざきしろう》「復仇賦《ふっきゅうふ》」の詩が発表され、音文が委嘱と公募の両面から作曲を募集し、佐藤春夫作詩・草川信作曲の「噫《ああ》サイパンの防人《さきもり》よ　きみが恨みを晴らすべき……」とうたう変ホ長調四拍子の行進曲調の《一億総進撃の歌》と尾崎士郎作詩・中村俊介作曲の「颶気《ぐき》に乗ずる敵の勢　千機万機をつらねたる……」とうたう悲壮感漂う二拍子ホ短調の《復仇賦》が制定歌曲として発表され、《復仇賦》は「国民合唱」としてラジオ放送もされた。ここでの楽曲選定は、音文が作曲家に委嘱した作品と、音文作曲部会員から公募を行って寄せられた作品について、情報局、海軍省、日本音盤協会、音文が八月五日に実演審査を行い選定された。この募集はサイパン玉砕《ぎょくさい》をテーマとしたもので、あえて不利な戦局をうたうことにより、一億不退転の決意を強固にするというプロパガンダ的な要因が見いだせよう。ちなみにサイパン玉砕は、「唱和すべき『国民歌』とは」の章でも述べた決死・玉砕思想の反映としての歌謡を生んだ契機のひとつであり、大木惇夫作詞・山田耕筰作曲《サイパン殉国の歌》や久保田公平作詞・作曲《サイパンに誓う》などが発表されていた。

情報局は、委嘱のみならず自ら制定主体ともなっていた。それが一九四五年一月に発表された《必勝歌》であった。これは「決戦の日を迎えて全国民の必勝の闘魂を弥《いや》が上にも振起《しんき》するが如き愛国歌」制定を目的とした情報局撰定国民歌募集であった。まず一九四四年十一月末締切りの歌詞公募により杉江健司の「必勝歌」が一等入選となり、十二月二十一日に発表された。続いて四五年一月十日締切りで「勇壮活発にして万人の唱和と行進に適するもの」という規定で作曲の公募が行われ、内藤清五、中山晋平《なかやましんぺい》、山田耕筰ほか一三人の審査員により審査が行われ、大村能章の作品が一等入選となり二月十一日の「『必勝歌』発表大演奏会」（音文・日本放送協会・朝日新聞社主催、情報局後援）で「今日よりはかへりみなくて大君の　しこの御楯《みたて》といでたつ我は……」とうたう四拍子変ホ長調の勇壮な《必勝歌》が大々的に発表されると同時に「国民合唱」としてラジオ放送もされた。この楽曲は募集規定等にもうたわれていたように、「愛国行進曲」以来二度目の情報局（前回は内閣情報部）による、すなわち国家による愛国歌の制定であった。

絶望的抗戦から敗戦へ

一九四五年になると、さすがにそれまでのような頻繁な国民歌の公募や制定は見られなくなったが、それでもたとえば日本放送協会のラジオ放送「国民合唱」は、敗戦直後まで放送が継続し、海洋連盟制定の《怒濤を越えて》や陸軍省推薦《軍歌「陸軍」》、後述する情報局制定《国民義勇隊の歌》など特定の目的にために制定された楽曲が発表されていた。しかし、それのみならずこの時期には《勝ち抜く僕等少国民》や《父母のこえ》、《早起きお日さま》など少年少女向けの楽曲や、

《必勝歌》のほか《一億特攻隊の歌》《特別攻撃隊「斬込隊」》《皇土死守の歌》など重々しい短調の曲で徹底抗戦を呼びかける悲痛な叫びまでもが音楽となっていた。

一九四五年三月の硫黄島《いおう》陥落により本土空襲が本格化し、国民意識や窮乏化が深刻化していく。ここでは本土決戦が唱導されるのに呼応して一九四五年六月に発表された情報局制定《国民義勇隊の歌》にふれておきたい。一九四五年三月二十三日に小磯内閣は国民義勇隊結成を閣議決定した。これは国民学校初等科卒業者で六五歳以下の男子及び四五歳以下の女子で編成される補助部隊であり、防空・戦災復旧・陣地構築・輸送・警備などの活動に従事し、有事には国民義勇戦闘隊に改編されて軍の統率下に置かれるとされていた。この国民義勇隊の趣旨を徹底すべく「国民義勇隊の精神をはっきりと国民の胸に刻み込むため、また国民義勇隊の結集や出勤、勇ましい行進や作業に当たって隊員の士気を昂揚する」(『朝日新聞』昭和二十年六月二十四日付け)ために情報局が日本放送協会と音文に委嘱して制定した楽曲で、「意気壮んなり大八洲《おおやしま》　陛下の赤子《せきし》挙《こぞ》り起つ……」とうたう四拍子ハ長調の曲が橋本國彦作曲により発表され、「国民合唱」としてラジオ放送もされた。こうした情報局による楽曲制定では、制定過程での詩人や音楽家の動員が特徴としてあげられる。それは創作段階のみならず審査段階に及ぶ上からの文化統制のあらわれととらえることができよう。

このような徹底抗戦への呼びかけは、理想と現実の落差として考えることもできよう。それは結果として敗戦により幻に終った楽曲募集にも見られる。一九四五年八月五日に音文、日本放送協会、朝日・読売・毎日と地方新聞社の主催、情報局後援で「本土決戦を控え国民の戦意いよいよ高潮化せんとする秋《とき》……国民が戦わんとするところを率直に表現した力強い『国民の軍歌』とも称すべき歌曲」を制定する目的で実施された「国民の軍歌」の公募である。音文と新聞各社の総力を挙げた公募に対し、歌詞一万四九四二編、作曲二六四編の応募があったが、結局は「今次戦争終結の新事態に伴い当初の目的を喪失するに至ったのでその発表は行わぬことになった」(『朝日新聞』一九四五年九月九日)。敗戦直前まで国民意識の徹底を図るために音楽が活用され続けていた事実は、意外と知られていないのではなかろうか。一九四五年八月六日の広島への原子爆弾投下、同九日の長崎への原子爆弾投下と同八日のソ連の参戦、十五日のポツダム宣言受諾と玉音放送と続く大日本帝国の破局への道程は、「国民の軍歌」が幻となったことに象徴的であるように思われる。

「国民歌」の位置付け

本章で見てきたように、「国民歌」は、特定の目的や運動、また国民の意識昂揚や国策宣伝のために作られ（作らされた）楽曲が大半であった。特に公募という手段で量産されたものの多くは、審査の過程で修正や改編がなされていた可能性が大きく、民意がそのまま作品に反映されていたとはいいがたい側面もある。また賞金もほぼ例外なく国債や公債が充当され、著作権も陸軍や海軍などに献納されたり、メディア等募集主体に帰属していた。そう考えると、公募によって質の高い音楽作品を制定するというよりも、むしろ「特定の目的」のための国民の協力や意識昂揚を促すことを主眼とした教化動員や精神動員を狙いとしていた手段であったと捉える方が自然のような気がする。

「戦争の時代」であるこの時期に世に出た夥《おびただ》しい数の「国民歌」は、「戦争の時代」であるが故に成立し歌われ、歌わされた。けれども敗戦後の時代においては一転して過去の遺物として、また忌わしい遺物として封印されることとなる。戦後になって「戦争の時代」を題材とした「国民歌」を創作すること、歌うことはなく、その意味では完全なる断絶が存在している。しかし「国民歌」が存在した時代の音楽のさまざまないとなみは、戦後に連なり継続し発展していく側面も否定できない。

戦時期に見られた音楽文化の萌芽が、戦後に開花していく事例は、作曲家の活動や合唱や吹奏楽などアマチュア愛好者を主たる担い手とする音楽の広がり、うたごえ運動など社会運動での音楽の活用、オーケストラなどプロ演奏団体の活動の継続、陸・海軍軍楽隊や戦時期の組織の形を変えた活動の継続など、いくつかの側面が指摘できる。

また戦後になると「戦争の時代」とは異なった脈絡で「国民歌」が求められ創作された。それは様々な意味で戦後民主主義の反映としての「国民歌」とでもいい得る性格のものであった。「国民歌」を唱和した時代を歴史に位置付け、今日的課題を考える作業は、今始まったばかりなのである。

戦後の出発――エピローグ

二〇〇九年五月二日、東京の「すみだトリフォニーホール」で、トウキョウ・カンタート2009コンサート「競演合唱祭からみんなの合唱へ…」が開催された。筆者は、再び構成・台本という立場でこのコンサートに関わったが、ここでは昭和初年から一九六〇年代までの社会と音楽文化をうたと合唱から見通すことに主眼を置いた。戦前から戦後の社会を音楽作品によって見通すこと、その重要性は本書で述べてきた「国民歌」にも当てはまる問題であろう。もっとも本論で見てきた「国民歌」の脈絡でとらえることのできない歌のいとなみも忘れてはならない。本論で言及できなかった、一九三〇年代以降のレコードや映画主題歌などの大衆の心情をうたう大衆歌謡、地方の特色が反映された民謡、ジャ

図19　トウキョウ・カンタート2009（photo©渡辺力）

ズやハワイアンなどのポピュラー音楽……これらの諸相を歴史の中に見通すこともまた同様である。

　満洲事変、日中戦争、アジア・太平洋戦争と続いた十五年戦争は、一九四五年八月十五日の玉音放送とポツダム宣言の受諾発表、翌月二日の戦艦ミズーリ号艦上での降伏文書調印により形の上では終結した。しかしながら「戦争の時代」は、六〇年以上経過した現在においてもなお解決し得ない問題や多くの傷跡を残している。従軍慰安婦問題、中国・朝鮮人強制労働問題のほか、南京大虐殺や沖縄戦、東京裁判を巡る歴史事実の認識、教科書検定や靖国問題等々の議論、広島と長崎の原爆や空襲の後遺症など、意図的な歴史の歪曲や曖昧なまま放置されている歴史認識、憲法改正や自由主義史観の台頭など、まだまだ多くの問題や課題が放置されたままである。

「歌」の領域でも、少なくとも歌詞の中で、天皇制や軍隊を讃美し「八紘《はっこう》一宇《いちう》」の精神を煽り立てる楽曲は封印され、抹殺され、全く姿を消し去り、戦後民主主義や自由、素直な感情や心情を歌い込む楽曲が量産され受け入れられることとなるが、一方では、引き揚げや抑留、原爆といった戦争の痛手が継続している楽曲もあり、敗戦をもって戦中と戦後が分断されたわけではなく、矛盾や錯綜の中で断絶する側面と継続する側面が入り乱れていたと捉えるべきである。「国民歌」は、戦時期だけ存在した特殊な音楽ではなく、敗戦を境に断絶した側面と、戦後に脈々と継続していく側面の両面をはらんでいたのであるが、なぜ両面をはらんでいたのか、何が断絶し何が継続していたのか、主観や思い込みではなく、客観的かつ科学的な検証を真摯《しんし》に行っていかなければならない。それは「国民歌」に止まらず、音楽文化全体の問題でもあるだろう。

確かに一九四六年一月発売のサトウハチロー作詞・万城目《まんじょうめ》正《ただし》作曲《りんごの唄》や一九四九年三月発売の西條《さいじょう》八十《やそ》作詞・服部良一《はっとりりょういち》作曲《青い山脈》が、戦後民主主義や抑圧からの解放、あるいは肉体の解放の象徴として語られることは一面ではもっともなことであろう。ただしその認識は戦前と戦後の断絶や反動が前提とされていて、社会のあり様が敗戦と占領を契機に変化し天皇制が象徴天皇制へと移行したという面では正しいかもしれないが、時間の流れが今日に至るまで途切れることなく継続している側面も注視しなければならない。

たとえば一九四六年十一月発売の清水みのる作詞・倉若晴生《くらわかはるお》作曲《かえり船》は、復員の心情を切々と歌う曲であるが、その前段には、「近代日本の歩みと『音楽』」の章でもふれた一九四〇年発売の同コンビによる「……せめて時節が来るまでは　国で便りを待つがよい」としみじみ歌った《別れ船》から連綿と続く流れが見出せる。どちらも同じコンビの創作、田端義夫《たばたよしお》の歌唱という布陣であることも特筆すべきである。また、一九四八年九月発売の増田幸治作詞・吉田正《よしだただし》作曲《異国の丘》、同年十一月発売の野村俊夫作詞・古賀政男《こがまさお》作曲《シベリヤ・エレジー》、一九四九年四月発売の野村俊夫作詞（補）・島田逸平作曲《ハバロフスク小唄》、一九五二年九月発売の代田銀次郎作詞・伊藤正康作曲《あゝモンテンルパの夜は更けて》などの楽曲群は、抑留やB・C級戦争犯罪の問題など戦争の傷跡が戦後に至るまで重くのしかかっている現実を垣間見るものとして捉えるべきであろう。

さらに一九六〇年代後半の「明治百年」を巡る明治時代とその政治体制を称揚する動きであるとか、一九七〇年代の「懐メロ」としてのいわゆる「軍歌」の流行など、ある意味では今よりも「戦争の時代」の楽曲に素直に抵抗なく接することの出来た時期があったことも事実である。本書で取り上げた「国民歌」が青春の思い出であり、表立ってはこうした楽曲しか歌うことが許されなかった世代の方々がいらっしゃることも事実である。その意味では、「戦争の時代」の思い出は、それぞれその時代を生きた方々の中でそれぞれに生き続けている。「国民歌」はその証人なのである。

社会状況の音楽への反映という括りでは、国家イベントに対応した音楽の活用とて終息したわけではなく、一九四六年の日本国憲法発布や、一九六四年の東京オリンピック、一九七〇年の万国博覧会などを契機に制定もしくは発表された楽曲などは、国家政策に即応した楽曲として位置付けられる。また本書のテーマとなった「国民歌」という名称が、戦後は「国民のための歌」という戦時期とは異なった脈絡で復活している。たとえば、日本国憲法公布を記念した曲として憲法普及会により発表された、土岐善麿《ときぜんまろ》作詞・信時潔《のぶとききよし》作曲《われらの日本》や、一九五三年に寿《ことぶき》屋（現サントリー）が公募制定した国民歌《われら愛す》などがその例である。さらに特定のイベントや行事のために公募や委嘱等による楽曲の制定も継続していく。朝日新聞社が作詞公募、古関裕而《こせきゆうじ》に作曲委嘱して一九四八年に発表した《栄冠は君に輝く》などがその典型であるし、直近では天皇在位二十年の奉祝曲組曲《太陽の国》も同様の脈絡でとらえられよう。その一方で、反核運動や労働運動、うたごえ運動や安保改定反対運動などさまざまな社会運動での楽曲活用も、その時々の社会を映し出すものとして考えるべきである。もちろん「運動」と括られるような大掛かりな、また組織立ったものではなく、詩人や作曲家、演奏者の意識の発露としてのさまざまな主張が、楽曲の創作や演奏においてなされていることも見逃してはならない。このような戦後の楽曲をめぐる問題は私の今後の課題である。

「戦争の時代」に見られた「国民歌」は、敗戦とともにその役割を終え、代って国民大衆の感情や意識、社会状況の発露としての楽曲がさまざまなテーマにより創作され歌われることとなった。ここで見て来た「国民歌」が、好むと好まざるとに関わらず、与えられ歌えと命じられた楽曲であったのに対し、敗戦後の楽曲は、国民大衆が主体的に選び支持された楽曲として愛唱されていた。もっともこれら戦後の楽曲とて、多くの人々に広く、また末長く愛され歌われているのか、といった問題は、今後検証する必要があるように思える。

戦争の時代の「国民歌」は、封印されタブー視されたとはいえ、歴史の断面を打ち出す鏡として、通奏低音のように静かに現代の我々に語りかけているように思えてならない。これらの楽曲を、我々は歴史の教訓とし、二度とあのような戦争を起こしてはならない。平和の貴さと重さを改めて考えてみる必要があるのではなかろうか。

あとがき

音楽を活字だけで論じ表現することがいかに難しいか。それが本書を書き終えた今の感想である。曲想、歌詞の聴こえ方、何より個々の楽曲の雰囲気や迫力、主張は「音」でないと表現できない。その限界を感じながらも、「国民歌」がどのように創作されたのか、どのような普及拡大の取り組みがなされたのか、その社会的背景は、といった事実を知っていただき、その意味を考えていただければ、と考えて書き進めた。

もっと視野を広げて、「国民歌」のみならず、この時代に生まれ広く受け入れられた数々の楽曲にも言及したかったが、紙幅の関係で断念せざるを得なかった。「国民歌」のみならず大衆の心情や情念を表現した歌がこの時期にも健在で戦後に歌い継がれていった。一筋縄ではいかない国民のしたたかさとホンネを垣間見ることができる。ポピュラー音楽や邦楽、民謡、浪花節……についてもまた同様である。「国民歌」の裏面にはこのような数々の歌のいとなみが存在していたのである。

日本の近現代史は十五年戦争の時代なくして考えることはできない、その「戦争の時代」の音楽作品が、いかなる社会状況下で、生まれ歌われ聴かれてきたのか、そして現代の我々にどのように聴こえるのかは、机上の論理だけでは解明しきれず演奏なくして理解できない。論文のみならず、音の再演に注力すべきという私の信念は、こうした意識の裏返しなのかもしれない。その「音」の再演は、本論で言及したトウキョウ・カンタートに関わらせてもらうことで実現した。

トウキョウ・カンタート2004オープニングコンサート「菩提樹が歌いたい」では、女学生として戦争の時代を過ごされた方が当時をふりかえる設定で、竹下景子さんが解説風のナレーションをし、楽曲を演奏した。そこから聴こえてきたメロディーやハーモニーは、歌詞に満ち溢れた時代相と、作曲家の求めた、あるいは試みた「音」と思想が錯綜し、身震いするような音楽が聴こえてきた。そして同時に、録音や机上で理解したつもりであっても実演による楽曲の「語り」や「主張」に勝るものはないことを確信した。

洋楽文化史研究会主催で二〇〇八年二月に開催した「再現演奏会 一九四一～一九四五」は、演奏会場も当時から実在するホールにこだわり、旧東京音楽学校奏楽堂で開催した。室内楽作品とあわせ、「国民歌」十二曲のほか戦後へのいとなみを見通す試論として柴田南雄の合唱作品で構成したこの演奏会は、「ピアノの寺嶋陸也と藤岡由記、フルートの荒川洋、指揮者の栗山文昭、合唱のコーロ・カロスといった面々が作品のみならず時代背景についても深く適切な理解を示した熱演を繰り広げ、とても有意義で高い成果をあげていた」(『音楽の友』二〇〇八年四月号)などの評価をいただいた。ちなみにこの演奏会では、本論でも紹介した決戦楽曲の声楽曲四曲も再演している。

そしてトウキョウ・カンタート２００９コンサートでは、「競演合唱祭からみんなの合唱へ…」と題し、一九二六年から一九六〇年代までの大衆歌謡や「国民歌」、合唱作品など四十曲余りで構成した。そこでは昭和という時代に息づく「歌」の花花がそれぞれの姿で開花する姿が浮き彫りとなった。それは「「文化のいとなみは脈々と、あるいはしたたかに育まれ戦後に継続していく面も見られた」点を踏まえつつ、戦時下の状況と戦後との本質的な違いをしっかり押さえておくことが重用だということを今回のコンサートを聴きながら強く感じた」(『前衛』二〇〇九年七月号)という指摘に現れているように思われる。ちなみに、このコンサートでは、大衆歌謡を原曲の持ち味を活かした寺嶋陸也編曲のメドレーで演奏したが、その楽譜が『君に会ううれしんさの』(女声合唱)と『しあわせは空の上に』（男声合唱）というタイトルでカワイ出版から出版されているので、ご参照いただき広く演奏いただければ幸いである。

これらの演奏会で当時の楽譜により再演した「国民歌」は、まさに時代の息吹で、録音復刻とはまた違った迫力と実感を伴うものであり、回顧や賛美ではなく、客観的かつ科学的に時代の音として捉え考える機会となったと感じている。そして改めて戦前から戦後に継続する音楽文化のいとなみを再考する重要性を再認識した。「競演合唱祭からみんなの合唱へ…」で取り組んだ「歌」の命脈たる日本の合唱音楽の歴史については、『日本の合唱史』（青弓社より刊行予定）として整理中である。

これらの演奏会で毎回取り上げたのが、山田耕筰作曲《音楽挺身隊歌》と、信時潔作曲《海ゆかば》であった。このふたつの作品は、山田と信時という日本の作曲家の原点に位置する二大巨頭の作品として、また当時の時代相を反映した作品として、その芸術性とあわせて記憶すべきと考えている。この曲については、戦意高揚や強いられた「死」の賛歌あるいは鎮魂歌という見方があることは事実である。しかし特に《海ゆかば》は、私にとって十五年戦争のそれぞれの局面に際し、戦場で、銃後で、また日本に占領された地域（逆にその地域から内地に連れて来られた方ももちろん）で、戦争が原因で亡くなられた、あるいは心や身体に傷を負った全ての方々への鎮魂・慰霊の響きであり、十人十色の主張であり、うめきであり、叫びであり、嘆き悲しみであり、そして現在そして未来への警鐘と安寧への祈りの響きとして聴こえている。

私がこれまで取り組んだ「戦争の時代」の音楽文化については、『音楽を動員せよ―統制と娯楽の十五年戦争―』（青弓社）にまとめた。本書の一部には同書と重複する問題も含まれているし、基本的な理解のワク組みは同書に基づいているが、今回は「戦争の時代の歌」に特化して書き下ろした。歌声は常に時代を鮮明に映し出していることを改めて感じている。本論で取り上げた楽曲は、それぞれに創作の背景があり一律ではない。同様にこれら楽曲の作曲者や作詞者の意識も一様ではなく、時代に向き合うスタンスがあった。前述した山田耕筰と信時潔にしても、作品のスタイルの違い以上に、生き様が全く異なっている。このような違いを的確に捉え論じることが、この時代の音楽を考察する難しさなのかもしれない。「戦争の時代」の社会と音楽を考えるひとつの仮説として、「国民歌」を切り口としてみたが、この時代を再考する上で適切であったのか、読者の皆さんにご批判いただけたら幸いである。同時に課題の掘り下げが未熟であることも痛感している。

最後に、音楽作品再演に目覚めさせていただき認識を共有して企画・演奏にご協力いただいた栗山文昭先生、二十一世紀の合唱を考える会 合唱人集団「音楽樹」の皆さん、優れた合唱力と問題意識を持って演奏活動している栗友会の皆さんの理解と実演に接することなくして本書は書くことができなかった。さらに洋楽文化史研究会をはじめとする様々な専門領域の皆さんとのめぐり合いや励まし、ご批判なくして語れない。そして私のこれまでのつたない取り組みに注目してくれた吉川弘文館の元編集者の阿部幸子さん、本書刊行まで懇切丁寧にアドバイスをいただいた同社の並木隆さんなくして本書は生まれなかった。皆さんにこの場を借りて心より御礼を申し上げたい。

二〇一〇年五月

戸ノ下達也

著者紹介

一九六三年、東京都に生まれる
一九八七年、立命館大学産業社会学部卒業
現在、洋楽文化史研究会代表幹事

主要編著書

戦時下音楽界の再編統合　音楽を動員せよ—
統制と娯楽の十五年戦争　総力戦と音楽文化
—音と声の戦争（編著）

歴史文化ライブラリー
302

「国民歌」を唱和した時代
昭和の大衆歌謡

二〇一〇年（平成二十二）八月一日　第一刷発行

著　者　戸《と》ノ《の》下《した》達《たつ》也《や》

発行者　前田求恭

発行所　株式会社吉川弘文館
東京都文京区本郷七丁目二番八号
郵便番号一一三—〇〇三三
電話〇三—三八一三—九一五一〈代表〉
振替口座〇〇一〇〇—五—二四四
http://www.yoshikawa-k.co.jp/

印刷＝株式会社平文社
製本＝ナショナル製本協同組合
装幀＝清水良洋・渡邉雄哉

歴史文化ライブラリー

1996.10

刊行のことば

現今の日本および国際社会は、さまざまな面で大変動の時代を迎えておりますが、近づきつつある二十一世紀は人類史の到達点として、物質的な繁栄のみならず文化や自然・社会環境を謳歌できる平和な社会でなければなりません。しかしながら高度成長・技術革新にともなう急激な変貌は「自己本位な刹那主義」の風潮を生みだし、先人が築いてきた歴史や文化に学ぶ余裕もなく、いまだ明るい人類の将来が展望できていないようにも見えます。このような状況を踏まえ、よりよい二十一世紀社会を築くために、人類誕生から現在に至る「人類の遺産・教訓」としてのあらゆる分野の歴史と文化を「歴史文化ライブラリー」として刊行することといたしました。

小社は、安政四年（一八五七）の創業以来、一貫して歴史学を中心とした専門出版社として書籍を刊行しつづけてまいりました。その経験を生かし、学問成果にもとづいた本叢書を刊行し社会的要請に応えて行きたいと考えております。

現代は、マスメディアが発達した高度情報化社会といわれますが、私どもはあくまでも活字を主体とした出版こそ、ものの本質を考える基礎と信じ、本叢書をとおして社会に訴えてまいりたいと思います。これから生まれでる一冊一冊が、それぞれの読者を知的冒険の旅へと誘い、希望に満ちた人類の未来を構築する糧となれば幸いです。

吉川弘文館

〈オンデマンド版〉
「国民歌」を唱和した時代
昭和の大衆歌謡

歴史文化ライブラリー
302

2019年（平成31）2月1日　発行

著　者　　戸《と》ノ《の》下《した》達《たつ》也《や》
発行者　　吉川道郎
発行所　　株式会社　吉川弘文館
〒113-0033　東京都文京区本郷7丁目2番8号
TEL　03-3813-9151〈代表〉
URL　http://www.yoshikawa-k.co.jp/

印刷・製本　大日本印刷株式会社
装　幀　清水良洋・宮崎萌美

戸ノ下達也（1963～）

ISBN978-4-642-75702-7